読売新聞「シングルスタイル」編集長は、独身・ひとり暮らしのページをつくっています。

編著　読売新聞「シングルスタイル」編集長　森川暁子

中央公論新社

はじめに

この本のもとになったのは、読売新聞で連載している「シングルスタイル」という、「ひとり」のページです。「50歳未婚女性の胸の内」とか「ひとり外食デビュー」とか「そうは言ってもやっぱり婚活」とか、ひとり向け記事ばかりが載っている、変わったページです。

シングルを推奨しているというわけではないのですが、かといって全力で脱シングルを目指すわけでもなく、みなさんの暮らしぶりやお便りなどを紹介しながら、まずは「ひとりで、どうしていますか」と、情報交換の場のようなことをしています。さらに、タイトルでは「シングル」を標榜《ひょうぼう》していますが、独身者だけのページでもなくて、ひとりで暮らす人や、ひとりで遊んだり行動したりするのが好きなみなさんも意識しています。ちなみに編集長の私は独身で、自分自身の関心と必要性もいくらかは加味しながら切り盛りしています。

この取材を始めて間もなく、ご自身も独身のファイナンシャルプランナーさんがこうおっしゃるのを聞きました。「シングルって、結婚とか出産とかのライフイベントが少ないですからね」。そんなふうに考えてみたことがなかったのですが、確かにそうだなと思いました。結婚も、出産も、連れ合いの転勤も、子供の受験も運動会もない――。当たり前といえば当たり前のことですが、何かと人と自分とを比べてはこじれたことを考えてしまう性分なので、自分の人生が起伏や味わいに欠けているように思えてしかたありませんでした。

でも、取材を進める中で、多くのシングルが共通して気になっている年中行事やライフイベントがあることに気づきました。例えば年末年始。一般的には家族で過ごす季節だと思われていますが、ひとりだと「どうやって過ごしたらいいんだろう」と考え込んだり、かと思えば、世間には構わず個性的なプランを立てて自由に楽しんだり、ファミリーとは違う時間が流れることになります。「定年後、どうやって過ごそう」もしかり。単にタイムラインが平板、というのではなくて、シングルならではの暦や景色だってあるわけです。その暦はときに、もの悲しかったり、危なっかしかったり、あるいは笑っちゃったりもするのですが、ちょっと客観的に眺めてみれば、それもまた、いまのニッポンの風景かな、という気がしてきたのです。

ちょっと、大きなことも書いてみます。いま世の中で、ひとりの存在感は増していきます。2015年の国勢調査をみると、50歳までに一度も結婚していない男性は23・4%、女性は14・1%です。20年後に、この「50歳時未婚率」（最近は「生涯未婚率」とはあまり言わなくなったようです）は男性で約3割、女性で約2割になるという推計もあります。そして、ひとり暮らしの世帯は、すでに全世帯の3分の1を占めています。

少子高齢化問題を考えるなら、あるいはこれから結婚を考える青少年なら「うわー」と声が出る数字かもしれませんが、私（54歳です）はまぎれもなく、その数字を構成しているひとりなので、嘆いたり、対策を考えたりしている場合ではありません。私たちもひとりひとり、人生を楽しむ責任があるのです。

ただ、ほぼ全員が結婚するという時代を生きてきた親世代とは同じようにはいかなくて、ちょっと戸惑っている。いまはちょうどそんな状態なのだと思います。

というわけで、この本には、ひとりが出くわす年中行事や、ひとりならではのライフイベントについて書きました。ひとつひとつ確かめたり味わったり、そうか、ひとりってこういうことなのか、と発見したりしながら、果敢に進んでいくことにします。

書いておいてアレですが、これを読んだら安心なひとりの老後の準備ができる、とかいうことはたぶんありません。私自身もこれからきっと、大丈夫じゃないことばかりだと思います。でも、ここに登場する（私も含めた）ジタバタ思い悩む人や、一生懸命知恵を絞る人たちの様子を横目で見ながら、読んでくださった方が「元気出していこか」と、少しだけ気がラクになったらいいなあ、と思っています。

それでは、ひとりの暦をめぐる冒険を、かなりの難所といっていい、「年末年始」から始めます。

目次

第四章　婚活

第七章　ひとり遊び ……………… 116

＊文中に出てくるお名前や年齢、肩書は、紙面掲載日現在のものです。新型コロナウイルスなどの影響もあり、サービスや活動内容などが変わっている可能性があります。

読売新聞「シングルスタイル」編集長は、
独身・ひとり暮らしのページをつくっています。

第一章　年末年始

年末年始って、やっぱり家族の時間

「年末年始をふるさとで過ごす人たちの帰省ラッシュ」というニュースを毎年テレビで見ます。私自身も若いころ、空港やターミナル駅で取材して、地域版にそういう記事を書いたことがあります。大きなスーツケースを転がし、お土産の紙袋を提げ、新幹線を待つ人たち。テレビのインタビュアーに「おばあちゃんちでお年玉もらうのが楽しみ」

と答える子供の頭上でトゥルルルルと発車音が鳴り……ああ、家族の年の瀬だな、と思う場面です。新型コロナウイルスの感染状況と相談しながらの生活が続いていて、こうした情景がこれからどうなるのかはよくわかりませんが、いずれにしても、年末年始は家族で過ごすもの、と考える人は多いと思います。

さて、本題です。年末年始を、独身者はどのように過ごしているのでしょうか。私はだいたい、実家に合流して新年を迎えます。大みそかに年越しそば、元旦にお雑煮、夜にはすき焼きを食べ、1、2泊で退散するのがここ最近のスタイルです。でも、ほかのシングルたちがどうしているのかを知りたいと思って、「シングルスタイル」の読者イベントに参加してくださった方々に「みなさんはどんな年越しですか?」と、プチ・アンケートをしたことがあります。

20~60代の独身女性30人から回答がありました（女性向けイベントだったもので……）。実家暮らしが19人、ひとり暮らしが8人、姉妹で生活する人が3人。ひとり暮らしの人も含めて、「年末年始は実家で」という人が大半でした。コメントをいくつかご紹介いたします。

飼っている犬2頭と新年を迎えるという女性（46）は「元日に実家に行きたいのですが、近所に住む弟（2人）夫婦たちが子連れで新年のあいさつを兼ねた会食をしに来ます。私も呼ばれるのですが、ひとりなので居づらく、毎年2日か3日に行ってしまいます」と書いていました。そういう状況、気になる人は気になりますよね。

さらに、実家はいつまであるのか、という問題もあります。お父さんが施設にいらっしゃって、お母さんひとりの実家に帰るという女性（49）は、「本当にひとりになったとき、寂しいお正月にしないために、どうしたら良いか、妙案があればと思います」と。

実家以外の環境も変わっていきます。「年越しはひとりで」という女性（59）は、「いまはとりあえず仕事があり、年末年始も普通に連休のように感じてますが、リタイアしたら追われることがなくなり、きっと寂しい感じになるのかな、と、ここ2、3年漠然と思ってます」と書いていました。それは私も、50歳を過ぎたころからすごく考えるようになりました。

実家暮らしの女性（50）は、街の雰囲気についても言及していました。「年内は掃除や新年の準備に明け暮れていますが、年が明けると暇です。友達も家族単位で行動しますし、近くのショッピングモールに出かけてもファミリーばかり。街に出てもひとり行動が一番キツい時期です」。やっぱり、年末年始って家族の時間なのですよね。もちろん周囲など全く気にせず、ひとりでお過ごしの方もあるわけですが、なんとなく身の置き所がない感じになったり、先々を考え込んでしまったりするのもわかります。毎年巡ってくる、ひとりの難所といってよいでしょう。

「結婚はまだ？」　帰省時のプレッシャー

仮にふるさとに帰省して新年を迎えるとして、あなどれないのが「結婚はまだ？」と尋ねられるプレッシャーのようです。「ようです」と、私はひと事のように書きましたが、これはご家族や周囲の環境によっても、恐らくさまざまです。私はそれほど問い詰められることがなかった、というか、親のあきらめが早くて思い出せないだけかもしれません。「子供がいないと、将来寂しいよ」ぐらいは言われました、そういえば。

さて、その「結婚はまだ？」への対処方法もいろいろです。まず、正面から受け止める方から。

東京都内の人材会社で働く会社員A子さん（29）は、ご自身で「35歳までに結婚したい」と考えておいでです。でも、25歳を過ぎたころから静岡市の実家に帰るたびにお母さんやご親戚から「結婚は」「彼氏いないの」「子供は早く産んだ方がいいよ」とたたみかけられるようになりました。おじいさん、おばあさんも「死ぬまでにひ孫の顔を」とおっしゃるそうです。本当に心配してくれている言葉だけに、逃げ場のない包囲網です。

A子さんは、東京の女性の平均初婚年齢が30歳を超えている、という都のデータを持ち出して、地元とは事情が違うから、と説明しているそうです。「地元の友達の大半は20代で結婚、出産しています。でも、価値観を押しつけないでほしい」

お疲れさまです。しかし、こうしたプレッシャーは、年齢とともに強まっていく可能性があります。

地方都市で医師として働くB子さん（38）は30歳を過ぎたころから「早く結婚を」と言われてきたそうです。親御さんを早く安心させたい思いもあって、お見合いを繰り返してきましたが、妹さんが結婚したあたりからいっそう圧が強まり、一時期は実家に顔を出すのさえおっくうになりました。「結婚して出産したいと思っていますが、うまくいかないんです」

手をとって励ましたい衝動に駆られます。そうそう。なかなかうまくいかない。でも、そんな摩擦の中で、手練手管の対処スキルを身に付ける人もいらっしゃいます。

都内のPR会社で働くC子さん（53）は、33歳で離婚し、子供はいません。神奈川県内の実家に帰省してお父さんの墓参りに行く道中、お母さんが必ず「誰かいないの」「結婚しないの」とお聞きになるそうです。見合い話を持ってきたり、結婚相談所に勝手に申し込んだりしたこともあります。

「母は、自分が結婚してよかったという思いが強いから『娘にも』と考えているみたいです」。C子さんも「ご縁があれば」とは考えているのですが、毎度言われるのは「正直うっとうしい」。ある時期から、交際相手がいてもいなくても「付き合っている人がいる。そのうち連れてくるね」と言うようになったそうです。お母さんは少し安心した表情になり、問い詰められることはなくなりました。

「そろそろ連れてきて」と言われたときは、「実は別れちゃって」と同情を引くのだとか。その繰り返しで、10年以上やり過ごしてこられました（すごい！）。最近はお母さん自身がケガで入院するなど大変だったので、プレッシャーは弱まっているそうです。思えば元気だからこその圧力だったともいえるわけで、少しせつなくなりますね。

「犬だって猫だって子供を作る」

男性にもプレッシャーはかかります。

東京都内に住む会社員のD男さん（50）は30〜40代のころ、東海地方の実家に帰省するたびに、家庭を築く大切さを両親から諭されてきました。「人間、家庭を持って一人前」。ときには「犬だって猫だって子供を作る」とまで。最近は「独身が楽しいのは今のうち。老後は寂しいと思う」「病気や介護が必要になったときどうするの」と80代の老親に老後を心配されています。

D男さんは、結婚したくないわけではないのですが「もう難しいんじゃないか」とあきらめモードなのだとか。親御さんのおっしゃる老後のあれこれはすでに、ご自分でもいやというほど考えたことで、「とにかく、老後資金を蓄えています」とおっしゃいました。

圧力をどう感じるかはやはり人にもよるようで、東京の会社員E男さん（43）も、北海道に帰省するたび「結婚は」と聞かれるのですが、「田舎では当たり前の話。あいさつのようなもの」と気にはしていないようです。E男さん自身も早く結婚したいと思い、今年、「予定はないけど、5年以内に」と家族に宣言しました。弟夫婦に子供が生まれて喜ぶ両親を見て「自分も早く」と思いを新たにする年の瀬です。

中国杭州から8年前に来日して東京で暮らすスタイリストの女性（32）がこう話されました。「親戚はおせっかいで心配性な人が多く、春節に帰るとすごくうるさい。学生時代には成績や進学先を、社会人になると『いつ結婚するの』と聞かれます」。帰省先で詰め寄られるのは日本のシングルだけではないようです。

人生100年などといわれる時代は、親子関係もとにかく長い。心配し続ける親も、言われ続ける側も大変です。「シングルスタイル」宛てにもよく「息子が（娘が）結婚する気配がありません」という手紙を頂戴いたします。でも、中にはこんなお便りも。

4年前にお連れ合いを病気で亡くし、ひとりで喫茶店を営んでいる徳島県の女性(70)からです。同居する息子さん(39)も東京で暮らす娘さん(43)も未婚だそうです。

「娘はデザインの勉強がしたいと、お金をためて上京し、今は事務の仕事をしながらひとり暮らしをしています。前向きに頑張る姿はうらやましいほどで、そんな生き方を尊重してやりたいと思います。夫の病死などいろいろあったから、娘も息子も元気ならそれでいい。結婚にはふれず『きょうだい仲良く』と言っています」

急増したシングルたちは、好むと好まざるとにかかわらず、親世代とは違う日常を生きていきます。その中でそれぞれ思いを抱えているわけで、「頑張ってるね」と、家族が(とりわけ親が)まずは認めてくれれば、今よりずいぶん生きやすくなる気がしました。

こんな話を聞きました。

結婚情報サービス比較サイトなどを運営する「ウルクス」(東京)が2018年、20~50代の男女165人に行ったアンケートでは、82%が「年末年始に親、親族に『結婚しないの?』とプレッシャーをかけられたことがある」と答えたそうです。

同社社長の小田憲之さんによると、同社の結婚情報サービスのサイトへのアクセスは、年明け、ゴールデンウィーク後、お盆に増えるのだとか。「長期休みの後は、1・5〜2倍程度に増える印象です。帰省先でプレッシャーをかけられた未婚者が、まずは情報を求めてアクセスしているのでは」と小田さんはみています。

求める人々に、どうかよい出会いがありますように。

ツアー「みんなでクリぼっちナイト」

「年末年始をひとりで過ごす人向けの交流ツアーをやりましょう」と、関連会社「読売旅行」の女性スタッフ3人（全員シングル）と盛り上がったのは、だれもがまだ、無邪気に「密閉・密集・密接」の3密空間を楽しむことができた2019年の秋のことでした。

大みそかとは別の意味でシングルの心が乱れやすいのがクリスマスイブです。「12月24日と31日、どっちがいいでしょうかねー」と私。「では、ふたつともやってみましょう」と、大急ぎで2件のツアーが用意されました。

クリスマスイブに、女性限定でおしゃべりを楽しむ「みんなでクリぼっちナイト」（日帰り）と、大みそかから元日にかけての「みんなで年越しナイト」（男女とも）です。かなりの出無精で旅が苦手な私も、何かが起こりそうな予感にテンションが上がって、当日を迎えました。


【みんなでクリぼっちナイト】▽読売新聞ビル集合▽社内見学▽食事▽懇談▽バスで都内の教会へ▽遅い時間のミサに参列させてもらい、解散

12月24日夕、東京・大手町の読売新聞ビルのロビーに集合した参加者は、30〜80代の女性28人でした。編集局を少しだけ歩いて見学していただいて、レセプションルームに移動しました。

女性の集まりって本当にすごい、と思います。知り合いがいなくても、隣り合った人と「今日はどちらからお越しですか?」「ご参加は初めて?」（開催も初めてですよ、ちなみに）「ひとりなもので」「もうツリーも飾ってなくて」などと、自然とおしゃべりが始まります。そうやって場がどんどん温まり、空気がなごやかになっていきます。みん

ながら「ひとり」という安心感もあったのでしょう。

神奈川県の大学非常勤講師、ななえさん（40・仮名）は未婚です。学生時代の友人は結婚し、少し話が合わなくなってきたそうです。「自分に似た人がいるかな、と思って参加したんですが、思ったより多様な人がいて驚きました。シングルといってもいろいろですね」

ええ、まさに。未婚、離別、伴侶に先立たれた人。そうした独身者ばかりでなくこの日は、「子供も大きくなったし、クリスマスを一緒に過ごさなくても」と、ご家族のある方も参加しておいででした。自分と似た人と話すとほっとするし、境遇や考え方の違う人と会えば、何かに気づいたり、気が楽になったりします。

ななえさんは、たまたまエレベーターに乗り合わせた、同い年の富山県の公務員、京子さん（40・仮名）と意気投合していたようでした。

懇談タイムは、読売旅行のヒグチさんと私が、デコボコの掛け合いで進めました。みなさんに、ひとりの時間の過ごし方を尋ねると▽旅▽おいしいものを食べる▽たまった録画を見る▽電車に乗って本を読む▽花を育てる——などの答えが返ってきました。ひとりの時間をなんとかして楽しく過ごしたい、という思いが伝わってきます。私も何かアイデアを出したかったのですが、いつも頭の中に整理できないままの仕事がたまっていて、上手に休みを使えたためしがありません（……とは、みなさんに言えませんでしたけれども）。

バスで教会に移動する前に、神奈川県の山崎かおるさん（57）が「実はきょう、主人の命日なんです」と声をかけてくださいました。「イブが命日」というのを周囲のみなさんは覚えていて、気遣ってくれるそうです。「でも、そんなことを知らない人たちの中で楽に過ごせました」とおっしゃいました。

山崎さんは、以前はひとりで新幹線に乗れなかったそうです。それでも、「ひとりでも動かなきゃ」と、友達に教えてもらいながら、ひとりレジャーの実践中なのだとか。

大きな東京カテドラル聖マリア大聖堂（文京区）にゾロゾロと入っていき、隅のほうのいすに腰掛けて、カトリック関口教会のミサに参加させていただきました。よく響く声のお説教を聞き、たくさん賛美歌を歌いました。その夜はそのまま解散。山崎さんは、何を祈ったのでしょうか。

【みんなで年越しナイト】▽東京駅集合▽バスで高尾山口▽夕食▽風呂▽懇談▽お寺で除夜の鐘を聞き護摩修行に参加▽バスで東京駅まで戻って解散

ちょうど1週間後が、二つ目のツアーが出る大みそかでした。この日の参加者は女性16人、男性2人。男性のひとりは単身赴任中とのことでした。両方のツアーに申し込んでいたななえさんと京子さんは、集合場所の駐車場に連れだって現れました。本当に仲良くなったようです。

1時間バスに乗り、高尾山口の温泉施設へ。夕食と温泉、そしてまた懇談タイムに突入しました。

また、みんなが「好きなこと」を発表しました。「ヘンプ編み（ミサンガなどにする麻の編み物）をやってます」「中型免許を取ってツーリングに行きます」「茶道関係の展覧会に」「私は落語が好きで」「実は病院に勤めながら、お笑いをやっています」

ひと風呂浴びてリラックスしたせいでしょうか、心なしかイブよりも話が具体的で生き生きしているように聞こえました。老後の話になり、「あまり心配しても仕方ないと思って」「でも備えは必要ですよね」とにわかに白熱の気配が漂い、もう少し話し合っていたかったのですが、ちょうどお寺に行く時間になりました。
しばしロープウェーに乗ったあと、おしゃべりをしながら、薬王院の暗い参道を歩いていきます。目印は、読売旅行のヨシカワさんが掲げる、スター・ウォーズのライトセーバーみたいな誘導灯です。

都内に住む会社員、工藤実樹子さん（47）は、「いつもなら、大みそかはカウントダウンイベントとかに行くんですけど、たまたま実家にあった新聞でこのツアーの記事を見て。周囲に話したら、『そんなの、どこで見つけたの』って驚かれました。こういうの、あんまりありませんよね。時々やってほしい」と楽しそうでした。

そしてこの日も、家族アリの参加者がいらっしゃいました。福島県の松崎みゆきさん（54）は、お連れ合いをなんと、ご自分の実家に残して参加しておいででした。「主人と2人で出かけてばかりだったので、たまにはひとりで、と思いました」とおっしゃいます。言い出してみたら案外、反対されることはなかったそうです。「自分だけで出かけちゃいけない、と、自分自身で裾を踏んでたんだなと思いました。たくさんの人に会って、ちょっと心の幅が広がった気がします」

それは何よりでした。
この日の東京はかなり寒くて、薬王院の本堂は、身動きできないぐらい参拝者がぎっしり入っていたにもかかわらず、冷気に包まれていました。除夜の鐘やホラ貝、太鼓の音を間近で聞きながら、新年初の護摩の祈禱《きとう》に参加しました。縁あって一緒に新年を迎えたみなさんの幸福と、シングルスタイルの繁盛を祈って「開運」のお護摩をいただいて帰りました。

「結婚していても、ひとりなんです」

正月休みが明けた週末に、松崎さんに電話をかけてみました。今度はご夫婦で旅先にいらっしゃいました。「大みそか、主人はうちの実家でおそばを食べて仲良くしていたみたいです」と聞き、少しほっとしました。家族の時間とひとりの時間を行き来できるのは、とてもうらやましいと思いました。
シングルスタイルのページを始めて5年以上たちますが、実は、お連れ合いアリ、ご家族アリの読者がけっこういらっしゃるのです。イベントで出会った女性が、「結婚していても、ひとりなんです」とおっしゃったり、子供さんがもう大きくなったという男性から「休みの日の行動は、ほとんど夫婦別々です」とメールが来たり。そして「いつかは、ひとりになるかもしれない」と気構えるシニア女性にもよく出会います。

結婚生活をしたことがない私には最初、ピンとこなかったのですが、別に夫婦仲が冷え切っているというわけではなくて（そういう方もいらっしゃると思いますが）、自分ひとりの時間もほしい、充実させたい、ということではないかと最近は考えるようになりました。独身者やひとり暮らしの人だけでなく、「ひとり」に興味がある人は、どうやらたくさんいそうです。

京子さんの近況も尋ねたいと思って電話をかけたら、「きょう、お見合いだったたんです」という答えが返ってきました。「去年は婚活がうまくいかなくて『もうだめだー』と思っていたんですけど、ツアーでいろんな考えの人に会って『どうでもいいじゃない』っていう人もいて……」。ええ、いろんな人がいらっしゃいましたよね。それで肩の力が抜けたのなら、よかったです。「結婚してもしなくても、楽しく生きる自分でいたいです」とおっしゃる京子さんの声はさっぱりして、ちょっといい感じでした。

ツアーの最中、私はあまりお役に立てず（大みそかなんてバスでごあいさつしようとして車酔いしました）、みなさんの「楽しみたい」という熱に圧倒されるのみでしたが、いろいろ思うところがありました。

ちょっと話は変わりますが、ツアーの半月後、阪神・淡路大震災から25年たった２０２０年1月17日の早朝に、東京に転勤してから一度も行っていなかった神戸市の東遊園地を訪ねました。たくさんの竹筒に明かりがともって毎年テレビに映る、あの公園です。空が白んでくる中をとぼとぼ歩きながら、そこに来る人たちを見ていました。

家族連れやグループも来ますが、ひとり静かにそこにいる人もたくさんいて、火を見つめたり、目を閉じたりしています。ひとりではありますが、その場を覆う大きな祈りの一部にも見えました。

年末年始のツアーのときもそうでしたが、ひとりって、寂しく感じることがある一方で、いろんな場所で、思いもよらない人たちと自由につながりあったり、意外な場にすんなり入っていけたりする可能性もあるのです。

ご参加いただいた方や、読者のみなさんから「また開催して」というリクエストをたくさん頂戴しておりましたが、読売旅行の企画メンバーと次回の相談を始めたあたりで新型コロナウイルスが世界中に広がってしまい、計画は延び延びになっています。

シングルの暦をめくっていきましょう

さて、曲がりなりにもなんとか年を越したということで、シングルの暦をめくってまいりましょう。次も、わたくし的には、けっこう複雑な思いが去来する一日です。

第二章　ひなまつり

「おひな様を片付けないと！」

2018年の夏、『未来のミライ』（細田守監督）というアニメ映画を見ました。主人公は、妹が生まれたばかりの男の子、くんちゃん（4歳）です。くんちゃんは作中、セーラー服姿のお姉さんに出会います。どうもそれは、妹のミライちゃんの成長した姿であるようなのです。ミライちゃんがわざわざ未来からやって来た理由に息を飲みました。

早くおひな様を片付けないと結婚が遅れるという言い伝えを気にして、「好きな人と結婚できないかもしれない」と、親に気づかれないように、こっそり片付けにやってきたのでした。

そのエピソードは恐らく（絶対）メインテーマではなかったはずです。子供たちの動きはとても生き生きと愉快で、ファンタジー表現も夢のようでした。でも、見終わった私は、「一体何があった？　ミライ」ということしか考えられなくなっていました。

私は子供のころ、ひな飾りが大好きでした。実家にあったのは男びなと女びなだけの親王飾りでしたが、飾り付けをするだけでもそれなりの、季節のイベントでした。装飾がシャラシャラ揺れる冠とか、色鮮やかな扇とか、ぼんぼりとかの小さなパーツを少しずつ組み立てていくのがとても楽しかったのを覚えています。でもそれと同時に呪いのようなささやきを刷り込まれていきました。

「おひな様をいつまでも片付けないでいると、行き遅れるんやってー」（こういうネガティブ情報を吹き込んでくるのは、だいたい母親ではなくて姉でした）

ミライちゃんの話に戻りましょう。ミライちゃんはセーラー服姿で、つまり、まだ10

代です。「好きな人と結婚できない」ことは恐れても、「お嫁に行けなくなる」切実さはないでしょう。私は、アラフォーになったミライちゃんがさらに死にものぐるいでおひな様を片付けに来る続編を妄想しました。果たしてそのとき、くんちゃんは妹を救えるのか——。

シングル女性とおひな様　関係いろいろ

前置きが長くなってすみません。シングルの暦、第二章は桃の節句（3月3日）がテーマです。女の子の健やかな成長と幸せを願って飾る「ひな人形」は、内裏びなが仲むつまじく並ぶ姿や、早く片付けないと——の言い伝えなど、とかく結婚と結びつけられやすい存在です。シングル女性とおひな様の関係を探りました。

まず、しっかり飾る方をご紹介しましょう。

奈良県香芝市の会社員永島千詠《ちえ》さん（47）は桃の節句に、自宅の玄関や床の間に三組のひな人形を飾るそうです。

「どれも大好きで、それぞれ意味合いが違います」

玄関でひときわ優美な雰囲気を放っていたのが、人気作家が手がけたという男女一対の親王飾りです。大阪市の人形専門店街で昨年の春、ご自分で購入されたもので、「私の好みにぴったりで、眺めているだけで幸福感に包まれます」と永島さんはおっしゃいました。ひな人形は、幼い女の子のために買うというイメージがありますが、永島さんのように、大人の女性が自分のために買うケースも、最近はよくあるのだそうです。

二つ目は、亡くなったおじいさん、おばあさんから贈られたひな人形です。「幼いころ、手に持って部屋の中をうろちょろしたり、髪をなでたりしていました。思い出が詰まったかけがえのないものです」。そして、高さ10センチほどのかわいらしい立ちびなは、高校時代の友人が結婚するとき、式の2次会の後に新婦本人から渡されたもの。きっと、あなたも幸せになってね、という気持ちがこもっていたのでしょう。

「私も20～30代のころは『結婚＝幸せ』だと、漠然と思っていました。でも、仕事やダンスなどの趣味に充実した生活を送っているうちに、理想は一つだけじゃないと思い始めました。ひな人形と同じように、人との出会いもご縁だと思います」。３月３日は抹茶に合う和菓子を買い、ご両親と楽しむそうです。すてきな桃の節句だと思いました。

婚活中の名古屋市の女性会社員（44）の場合は、ご自分で飾るのではなく、同居しているお母さんが毎年出されるのだそうです。

「今も私の幸せを願ってくれるのはありがたいのですが、我が家はいつも1か月ぐらい飾りっぱなしです。結婚していないのは、そのせいかもしれません」と笑っていました。

そんな季節に女子会を開くと、独身の友人たちと「うちも片付けるのが遅いの」などとうなずきあい、「そもそも何歳まで飾るものなのか」という話で盛り上がるのだとか。それはそれで、かなり楽しそうです。

では一体、大人になってひな人形を飾る人はどのぐらいいるのでしょうか。日本人形協会（東京）が2017年に、実家に住み、ひな人形を所有する20～30代の未婚女性400人に行った調査があります。「今は飾っていない」とした人が7割近くを占め、「いつまで飾っていたか」を尋ねると「小学生」が最も多かったそうです。やはり、大人になっても飾る派は少数派ではあるようです。

化学メーカー勤務の埼玉県吉川市の女性（27）は、四国の実家にひな壇をしまったままでです。「3姉妹でしたけど、親が自営業で忙しいこともあって、小学5年のときから飾った記憶がありません。正月が過ぎたら次の楽しみはお花見です。ひな祭りは、今年も気づかずに過ぎてしまうと思います」

そうなんです。私も、あんなに大好きだったのに、部活や勉強が忙しくなっておひな様を押し入れから出すことがなくなっていきました。そして就職し、仕事ばかりでろくに実家にも帰っていなかったころ、何かのはずみでふと思い出して電話で母親に尋ねたことがあります。

「お母さん、わたしのあのおひなさんって、どこいったんかな」

「ああ、○○ちゃん（めい）にあげたよ」

私の生活ぶりには何一つ口をはさまず、本当にありがたい母親なのですが、このときばかりは絶句しました。もうちょっと、娘の行く末を心配してもよいのではないのか――。私は一体何を、おひな様のせいにしようとしていたのでしょうか。

おひな様といえば、飾る場所の問題があります。長じて都市部のワンルームマンションにひとり暮らしとなり、立派な七段飾りが実家で眠る、という人も少なくないでしょう。街でひな人形を飾るイベントの主催者や日本文化に興味のある外国人に贈ったり、供養してくださる寺社にお願いしたり、「どう手放すか」も課題です。

そして、時を経てまた日の目を見るおひな様もあります。24歳で結婚し、8年前に離婚した京都市の女性看護師（55）は今年、長野県に住む長女（28）のために、元しゅうとめが手作りしてくれた木目込み人形を久しぶりに取り出して飾ったそうです。「離婚に至ったので複雑な気持ちもありましたが、今は季節の花をいけるように自然な気持ちで楽しめるようになりました。離婚を含めていろんな経験をしたからこそです」

娘さんのおひな様は、人生の難所を踏み越えて生きていくお母さんのことも、見守ってくれているようです。

男びな、女びなのいずれか1体でも買えます

実は、ひな人形にもシングル化の波は押し寄せています。

京都市の安藤人形店は２０１４年から、還暦の赤、喜寿の黄などの衣装をまとった、オリジナルの「長寿雛《びな》」を、男びな、女びなのいずれか1体でも販売しています。独身の女性客たちのリクエストがきっかけだったそうです。同店の安藤啓子さん（68）は、「最近では、関東の方からお母さんと一緒にお越しになった40代の女性が『いい旦那さまと巡り合いたい』と男びなだけを買っていかれました。70代の女性は『独り身だから、自分の幸せを願って』と女びなだけをお買い上げになりました」と教えてくださいました。

安藤さんは18年夏、有志の女性たちと「おとなのひなまつりを京都で」実行委員会を発足させました。不老長寿を願う重陽の節句（旧暦の9月9日）に虫干しを兼ねてひな人形を飾る「後《のち》の雛」という習わしが、江戸時代に広まっていたとのことで、それにちなんで、10月9日から1か月間、自分の健康・長寿を願って飾りましょう、と呼びかけています。

少子化で人形店さんも大変だと感じるのと同時に、年中行事も自由に楽しんだらよいのだな、とも思いました。

以前、『ひとり暮らしの季節ごよみ』（祥伝社）などの著書がある、暮らしスタイリストの河野《かわの》真希さんに、ひとりにおすすめの「できる範囲のプチ年中行事」について聞いたことがあります。例えば、年末に1か所だけ念入りにする掃除とか、好きな2、3品だけおせち料理を作ったり、お箸だけを新調したりして新年らしさを演出する、などの工夫です。河野さんはそのとき、「あまりいい意味に使われない言葉ですけど、『自己満足』のある暮らしって、いいと思うんです」とおっしゃいました。自らのためにお金や時間をかけて、季節を感じるしつらえをする——。すてきだと思いました。そういう意味で、自分のために買って飾るおひな様も、今風でよいなあと感じた次第です。

何歳まで飾ればいい？　譲ってもいい？

最後に、ひな人形に関する「そもそも」の疑問を、日本人形協会の倉片順司副会長にお尋ねしました。どうぞご参考に。

Q　飾る期間はいつからいつまでですか？

A　立春（2月4日ごろ）から、遅くとも節句の1週間前までには飾りつけ、節句を過ぎたら天気の良い乾燥した日を選んで早めに片付けましょう（湿気たままましまうと、カビなどの原因になるそうです）。

Q　並べ方の決まりはありますか？

A　向かって左に男びな、右に女びなを飾るのが一般的です。昭和以降、関東を中心に広まったとされています。古式を好む京都のように左右逆に飾る地域もあります。

Q　何歳まで飾ればいいでしょうか？

A　特に決まりはありません。女の子の健やかな成長を願うものですが、生涯の幸せを願って大人になってからも飾るのもよいでしょう。

Q　もう飾るつもりのないひな人形は、めいや、友人に女の子が生まれた際などに譲ってもいいのですか？

A　本来、女の子の災厄を引き受け、成長を祈るお守りで、基本的には1人1組と考えられており、人形供養を行う寺などへ出されることをお勧めします。

第三章　防災の日

「いつも通り寝ていたらどうなったか……」

ひとりで災害に遭うことは、必ず想定しておいたほうがいいことのひとつです。襲ってくる脅威の形はさまざまで、大地震や津波、風水害などだけでなく、これまで考えてもみなかった感染症のパンデミックも。ひとりにはどんなリスクがあるのでしょうか。

災害に直面した方のお話をうかがうと、ああ、ひとりって、そうだよね、と思い当たることがいくつもありました。防災の日（9月1日）は、地味で大切な記念日です。

２０１８年の西日本豪雨の被災地、岡山県倉敷市真備町で、災害から1か月半後にうかがったお話からご紹介します。同年７月６日深夜から７日朝にかけ、高梁《たかはし》川の支流である小田川などが何か所も決壊し、約４６００戸が浸水、51人もの人が亡くなりました。ひとり暮らしの人たちはどうやって避難したのか。逃れて無事だった人たちの話からは、周囲の助けが大きかったことが見えてきました。

「42年前に建てたこの家で、息子２人を育て上げたんです」。服部地区の小柳友子さん(80)は、浸水で傷んだ家具を出して、がらんとした2階建ての自宅を前に、そう話してくださいました。

その夜は、いつものように早く床に就いたそうです。その後、息子さんたちや近所の人から避難を促す電話が続きました。動くのを渋っているうちに、午後9時半ごろに息子さんたちが迎えに来て、近くの高台にあるご次男宅に移動しました。残した自宅は、翌朝には2階まで水浸しになりました。

「友達が４人亡くなりました。私も、いつも通り寝ていたらどうなったか」

その小柳さん宅から約500メートル、小田川の土手のすぐ近くで2階建ての一軒家に住んでいた樋口智子さん（68）宅にはその夜、一帯を回っていた消防団員が避難を勧めに来たそうです。「裏の家の奥さんも『小田川の水かさが上がって危ない』と知らせてくれたので、車で逃げました」

一方、真備町岡田でひとり暮らしの会社員、富岡栄作さん（54）は、「防災無線で何か言っていたんですが、よく聞こえませんでした。大丈夫だろう、と2階で寝ているうちに1階が浸水し、翌朝、救出されて避難所に行きました」と話してくださいました。「仕事中心の生活で、あまり地域の活動に参加できなかった」という富岡さんの場合、近隣で声をかけあうという状況にはならなかったようです。

「避難の決心」を後押しする家族がいない

避難を促すだれかの一声が届くかどうかが、避難行動を左右しそうです。「自分も危うい」と感じる方は、多いのではないでしょうか。

さらに、災害弱者というと高齢者や障害者をイメージしがちですが、元気でも、若くても、いろんな条件が重なれば孤立するリスクがあるということを、２０１９年の台風19号のときの話からみてみます。東京都内でひとり暮らしの女性のケースです。

台風19号が接近していた２０１９年10月12日午前、東京都町田市の月見里《やまなし》悠季《ゆうき》さん（48）は少し遅く起きました。子供たちが独立してひとり暮らしになったばかり。台風が来るのはニュースなどで知っていましたが、前年に越してきた家は川から遠く、あまり危機感がありませんでした。

午前11時ごろ、スマートフォンを見ます。2時間ほど前に「土砂災害警戒区域および川の近くにお住まいの方は速やかに安全な場所に避難してください」と市が呼びかけるメールが届いていました。いったんはスルーします。その後も気象関係のメールが届いたため、市のウェブサイトでハザードマップを見たときは午後2時を過ぎていました。自宅付近が土砂災害警戒区域に指定されていることを初めて知りました。

慌てて窓ガラスに飛散防止の段ボールを貼り、断水に備えてお風呂に水をためます。避難することも考えましたが、周囲の家に明かりが見えて「大丈夫かな」と思いました。

住んで日が浅かったので、近所で声をかけあえる人はおらず、地域のどこが危険なのかという情報もあまり持っていませんでした。

夕方に風雨が激しくなってきて、「早めに避難するべきだった？」と不安が高まってきました。そこに、思わぬところから連絡が入りました。

ＳＮＳで交流があった新宿区の楠本あゆ美さん（52）が心配して「大丈夫ですか」とメッセージをくれたのです。都の防災セミナーで講師を務める専門家です。月見里さんが電話で状況を説明すると、楠本さんは「土砂災害が起きれば命を落とす危険もある。できれば避難して」とアドバイスをくれました。

避難袋に着替えやおにぎりなどを詰め、避難所の小学校に着いたときには、ずぶぬれになっていました。ほかにも避難者の姿が見え、職員さんが「何かあったら声をかけてくださいね」と言ってくださいました。「ひとりじゃない」とほっとして一夜を過ごしました。結果として、自宅周辺に被害は出なかったそうです。

楠本さんは、「ひとり暮らしだと『避難の決心』を後押しする家族がいないのです」と指摘されました。そうか、ひとり暮らしは、決断をするのもひとりなんだな、とあらためて気づきます。だったら声をかけあう人が近所にいる方がやはりよいのですが、例えば遠くに働きに出ているとしたら、地域でのつながりをつくるのは、簡単ではありません。

私も地元大阪では、小さなマンションの自治会のお役目を輪番で引き受け、ご近所づきあいというほどではなくても、お住まいのみなさんの顔ぐらいはわかるようになりました。でも、４年前に東京に転勤し、単身者が多そうなマンションに引っ越してからは一気にご近所が遠くなってしまいました。今何かあったら、かなりまずいです。

大事なのは自助と近助《きんじょ》

真備町の例に戻りましょう。水が引いた後も困難が続きました。例えば、必要な情報を得ることも容易ではありません。車で逃げて助かった樋口さんは被災翌日から友人宅や避難所に身を寄せていましたが、「支援物資がいつ、どこで配られるのかがわからない」のが悩みだったそうです。公的支援を受ける手続きも調べなければいけなかったのですが、昼間は仕事があって、相談窓口に足を運ぶこと自体が大変でした。今は、新型コロナウイルスの影響もあり、いろんな手続きがオンライン化される方向にあります。それでも、体ひとつのシングルができることは、やはり限られる面があるでしょう。

シングルの災害への備えについて、山村武彦・防災システム研究所所長にうかがいました。よく、自助（自分で何とかする）、共助（周囲と助けあう）、公助（公的な救援）が大切だといいますが、山村さんは「近助《きんじょ》」という言葉を掲げています。

「ひとり暮らしの高齢者は、足腰が悪いなど、逃げたくても逃げられない場合が多く、行政や民生委員が即座に全員を助けるのは無理です。私は『自助と近助が大事』と提唱しています。近所の人同士が助け合える関係を日ごろから作っておくのです。テレビの注意喚起よりも、隣家の人に『逃げよう』と言われた方が切迫感も増します。

また、生活再建をする中で先が見えないストレスが続けば、命にもかかわります。高齢だと金融機関の融資も受けにくい。『もう年だから』と地震保険に入らない人も多いのですが、収入源の少ない高齢者こそ、少額でも地震保険に入るべきでしょう。

都市部の集合住宅にひとりで住む学生や若い社会人の場合は、地域との接点が希薄で、いざというときに避難所の場所もわからない、ということにもなりかねません。若い人は、地域で弱者を助ける側になるといいですね。防災訓練に参加して役割を持てば、地域に溶け込むこともできます。職場の同僚や友人と防災ネットワークを作り、いざというときに身を寄せる先を確保しておくのもよいでしょう」

見過ごしがちなポイントの指摘がありました。ひとり暮らしは、災害弱者という視点から見られることが多いのですが、助ける側で活躍することも珍しくないのです。

森貴弘さん（34）は、2018年の7月下旬から約3週間、真備町に滞在し、災害ごみの処分などを手伝いました。その当時は京都に住んでいましたが、2年前から自転車で日本一周の旅をしており、熊本地震や九州の豪雨などの災害でもボランティアに携わってきたそうです。森さんは、「独り身で、旅の途中ですから、身軽に動けます。真備町で一緒に作業をしていた人たちも、30〜40代はシングルが多かった印象があります」とおっしゃいました。

東日本大震災に直面した独身者たちに取材した酒井順子さんの著書『地震と独身』（新潮文庫）にも、ボランティアに身を投じた独身者たちが紹介されています。シングルだから不便なことと、シングルだからできること。非常時には、様々な面が浮き彫りになるようです。

マンションの「日曜喫茶」でゆる〜くつながる

ご近所ネットワークが心もとない人には、もしかすると京都市右京区のマンション「西京極大門ハイツ」の取り組みが参考になるかもしれません。女性中心のゆる〜いつながりで「もしも」に備えておいでです。

毎週日曜午前8時半〜同11時半、マンションの集会所で「日曜喫茶」が開店しています。「コーヒーでいい?」「ゆで卵、かごからとってくださいね」と、モーニングサービスをてきぱきと出していたのは、住民の森房乃さん(77)でした。

トーストにマーガリンかジャム、ゆで卵、飲み物が付いて100円。新聞を読みながらひとりで食べる男性や、おしゃべりしている女性グループ。ソファでは、子連れの若い夫婦がテレビを見ながらくつろいでいました。近所にも開放され、毎回30〜40人が来店します。

管理組合のコミュニティ委員会が、世代間の交流などを目的に始めました。ボランティアの住民22人が交代で当番を務め、少数ながら男性もいます。森さんの担当は2か月に1回ですが、当番でないときは客として来ます。知り合いに「このごろ調子どうえ?」と尋ねたり、近況を話したり。「元々おせっかいな性格やから」

西京極大門ハイツが建ったのは1976年です。約180世帯のうち3割近くが65歳以上のひとり暮らしで、その大半が女性です。「子どもが独立し、夫に先立たれた」という人が多いようですが、未婚シングル、離婚経験者もいらっしゃいます。

ちなみに、森さんは未婚のシングル。材木卸会社の事務職として長くお勤めされました。弟さん夫婦が実家で暮らすことになったのを機に家を出て、30年前にここを中古で買いました。独身女性が不動産を買うのはまだ珍しい時代でしたが「職場は『女やから』とか『結婚したら?』とか言われることがなくて働きやすく、家のローンを組んでも私は大丈夫、と思えました」と話してくださいました。

会社勤めの間は忙しくて地域の活動にほとんど関わらなかったそうですが、意識が変わったのは、がんを患って58歳で早期退職してからです。「いつ何が起こるかわからへんし、困ることも増えてくるかもしれない。でも、考えたって仕方がない。まずは自分がやれることをやらないと」。町内会の役が回ってきたこともよい転機になりました。

顔見知りが増えれば、生活は変わります。健康のためにひとりで始めたウォーキングも、今は住民の女性2人と一緒に毎夕続けています。おしゃべりしながら約1時間の日課。「元気の源です」とのこと。

高齢化、独居化が進む集合住宅は全国にたくさんあります。同マンションの管理組合理事長の佐藤芳雄さん(67)は、「だから、負担が少なく、気が向いたら参加できるくらいのつながりが重要なんです」と話されました。

2か月に一度、日曜喫茶の後に高齢者を中心とした住民の親睦団体「絆会(きずなのかい)」が開く昼食会にも、そのゆるさは発揮されています。「徹底的に手を抜く」がモットーで、使うのは、レトルトカレーにカット野菜。住民が力を合わせて食事を準備するのは災害時に役立つから、という狙いもあるからです。

メンバーの日下部晴子さん(76)はお連れ合いと死別し、ひとり暮らしです。子育ての間はマンションや子ども会の行事にも積極的に参加していたそうですが、ここ10年ほどは、介護があったり、自分も体調を崩したりして足が遠のいていました。

「『閉じこもってたらあかん。出ておいで』と声をかけてもらって、今は年1回当番を務めています。あとは『参加するのも協力』と思って顔を出しています」。最後までここに住めたら、と、そんな思いもあるようです。

世話をする方もされる方も、気負いなく。そうした関係が、お住まいのみなさんの自然な笑顔に表れていました。森さん、日下部さんが「何より大事」とおっしゃったのは、「ふだんの声かけ、あいさつ」でした。

助ける側の視点で、助けてもらう備え

さて、救助する側から見れば、ひとり暮らしの人たちは安否確認が難しい層、ということになります。いざというとき、自分は助けてもらいやすいかどうか、ということも考えてみる必要があります。つまり、助ける側の立場に立って備えるのです。

東京都足立区の都営住宅「西綾瀬三丁目第2アパート」は、約160世帯250人のうち、70歳以上の住民が100人を超えます。そして高齢者向け住宅に入る約40世帯のほとんどがひとり暮らし。いずこも高齢化、独居化は進んでいます。

自治会は2019年5月、水道業者のマグネット広告（冷蔵庫に貼る、アレです）をヒントに「無事です」と書いたA4サイズのマグネットシートを作り、全戸に配りました。ふだんはスチール製の玄関ドアの内側に貼っておき、災害時に、無事だった人は、ドアの外に貼り出します。すると自治会は、貼られていない部屋を優先して安否確認することができます。

シートには、災害後もしばらく自宅で過ごす備えとして〈1〉水や食料を備蓄する〈2〉家具を固定する〈3〉簡易トイレを準備するというポイントも記してあります。

自治会長の大森栄一さん（72）は「道が塞がったり大雨が降ったりする中で高齢者が数百メートル離れた避難所に移動するのは難しい。災害発生直後やその後を、いかに自宅で無事に乗り切るかが大切だと考えています」とおっしゃいました。

そうやって自宅で持ちこたえる力は、新型コロナウイルスの感染拡大とともに、いっそう注目されるようになりました。避難するか、しないか。判断は難しくなり、やはり、声をかけあえる人がいたほうが……ということになるのです。

ほかにも、笛（ホイッスル）は日ごろ身につけていたいグッズの一つです。閉じ込められたとき、体力を温存しつつ助けを呼ぶことができます。ＳＯＳの手段を増やして、助けてもらいやすさ（「受援力」というそうです）を高めたいものです。

高齢のシングル女性にターゲットを絞った、防災マニュアルをご紹介しておきます。川崎市男女共同参画センターが制作し、ウェブサイトで公開している「シニアシングル女性のためのサバイバル読本」です。

作成に携わった「女性の視点でつくるかわさき防災プロジェクト」代表の三村英子さん（51）は神戸市に住んでいた１９９５年、阪神・淡路大震災に遭われた方です。避難生活で一番困ったのはトイレでした。

「トイレは食べ物以上に我慢ができないし、使えなくなると人の尊厳にかかわります。ぜひ個人で携帯トイレを用意しておいてほしいです」（はい。私もさっそく通販でお取り寄せして、取り扱い説明書を読み込みました）

この冊子は、準備しておいたほうがいい生活用品や、避難を判断するポイント、避難生活で気をつける点などを掲載していて、高齢女性でなくても参考になる部分がたくさんあります。備えのレベルを〈1〉マスクやウェットティッシュ、笛など「いつも持ち歩きたいもの」、〈2〉携帯ラジオや飲料水、下着などを入れる「非常持ち出し袋」、〈3〉非常食やカセットコンロなどの「備蓄品のストック」の3段階で示しているので、災害時に起きることをイメージしながら準備ができます。

さらに、防災への心のハードルが下がるメッセージをご紹介しておきましょう。一般社団法人「地域防災支援協会」(東京)代表理事の三平洵《みひらじゅん》さん(37)のアドバイスです。

「最初から『防災』と考えると長続きしません。災害時に役立つ、生活や趣味のスキルもあるので、ふだんの関心事から始めることをおすすめします。例えば、キャンプの火おこしや調理は炊き出しに生かせるし、ペットをケージに入れて出かけるとき『同行避難』について考えるのもよいでしょう。全く備えのない人なら、まずは自炊と部屋の整頓を防災の第一歩にしてください」

「在庫ナシ」の暮らしは　いざとなったら弱い

そして、新型コロナウイルスです。熱が出て「自分も感染した？」と思う場面を想像してみてください。ひとり暮らしの、違う弱点が見えてきます。

２０２０年2月上旬の朝、東京都内でひとり暮らしをしている弁護士の男性（27）は体温計を見て不安になりました。前日出た37度の熱が下がっていなかったのです。のどに痛みもありました。「もしかして、新型コロナかも」。念のために仕事をテレワークにし、外出を控えました。

普段の食生活は外食とコンビニが頼りで、この日は冷蔵庫にあったヨーグルトとカップラーメン1杯でしのぎました。幸い、その翌日に熱は下がりました。「もし、自宅にこもるのが長期化していたら、近くに頼れる親戚もいないし、すごく困ったと思います」

熱が2日続いたら休んだ方が……というつっこみはさておいて、単身者なら身につまされる話です。ひとり暮らしは、家族間の感染を心配しなくてよい反面、身の回りのことを自分だけで対処する必要に迫られます。

「ウイルス対策も、防災も一緒です。日ごろの備えがあれば心配ありません」。そうアドバイスしてくださったのは、危機管理教育研究所（東京）代表の国崎信江さんです。

なるほど、食品や日用品が手に入りにくくなる状況は、自然災害のときと似ています。長期保存できる非常食などの備えは今回のような「もしも」にも役に立ちますよね。

「いわゆる非常食に限らず、自分の好きなものでいいんです。たとえば、レトルトカレーやパスタ麺、シリアル、サバの缶詰など長期保存のきくものを買うときに、多めに買うことを心がけましょう」。ほかに、国崎さんは果物を欠かさず用意しているそうです。食べる際に火や水が不要で、栄養と水分が取れるからです。

ひとりの部屋は、狭くて収納スペースがない場合があります。買ったのに使い切れない食品ロスを避けるため、「その日食べるものを食べられるだけ」買う生活をするシングルは少なくないでしょう。実は私も、コロナ前はなるべくそうしようと思っていました。でも、そんな生活もよく考えてみれば「コンビニに走ればいつでも買える」から成り立っているに過ぎません。極端に「在庫を持たない」暮らしは、いざとなったらやっぱり弱いのです。

今回は「中国での感染拡大で、トイレットペーパーが手に入らなくなる」というデマが広がり、各地のスーパーなどで買えなくなる事態も起きました。

「備えがあれば、デマにだって惑わされませんよ。人は喉元を過ぎたことは忘れがちですが、今回『なくなったら困る』とわかったものをリスト化しておいて、次の危機に備えて、準備をしたらいいと思います」と国崎さん。備蓄を置いておくスペースがない場合は、安く借りられるトランクルームの利用も検討したいところです。

「体力のある若い人は特に、自分が外出できない状況をイメージできず、『身一つくらい何とかなる』と思いがちです」。単身者の困りごと相談に乗る市民団体「単身けん」（東京）の事務局長、石川由紀さん（75）はそう指摘なさいました。「自然災害で交通機関が止まり、コンビニなども機能しなくなることがあります。2、3日の食事のストックは用意しておくといいでしょう」。作り置きの習慣があったおかげで、阪神・淡路大震災の後に非常に助かったという会員さんもいらっしゃるそうです。

出前も、単身者がよくお世話になるサービスです。「もしかしたら感染？」と思ったときには、どんなことに気を付けたらよいのでしょう。

愛知医科大学病院感染症科・三鴨《みかも》広繁主任教授は「熱が続いて自分で感染を強く疑っているような場合は、事前に電話などで商品を玄関に置いてもらうよう頼んだり、インターネット決済にしたり、直接のやりとりを避けた方がよいでしょう。特に、食べ終わったら返却せずに捨てられる容器で提供してもらうことが重要です」とおっしゃいました。

では、ヘルパーや家事代行のサービスを利用している場合は……。「神経質になりすぎる必要はないですが、自分で感染を疑っているなら、正直に話すことがエチケットです。マスクや手袋、アルコール消毒液を持参してもらうなど、相手が予防策をとれるように事前に知らせておきましょう」。友達に何かをしてもらう場合も、そうした点に注意したいところです。

日記をつけると自分の変調に気づきやすい

　ほかにも、したほうがいい備えがあります。

三鴨教授は「ひとり暮らしだと、病識を持ちにくい（自分で病気だと気づかない）傾向にあります」と指摘されました。確かに「具合悪いの？」と、自分の変調に気づいてくれる家族はいません。そこで、日記をつけるのが有効なのだそうです。「朝晩の検温の記録、そしてその日誰と会ったかを書き残しておきましょう。日常生活でも役立つし、万が一感染がわかった場合に濃厚接触者を特定しやすくなります」。記憶が曖昧になりがちな高齢者には特におすすめです。

　ひとり暮らしで身動きが取れなくなるのは、新型コロナウイルスに限らず、ほかの病気やけがでも起こることです。常備薬を用意したり、どこに相談したらいいかを把握したりしておけば、少しは安心できます。そして、いざというときに助けを求められる人は――。やはり、人のつながりというポイントに行き着くのでした。

第四章　婚活

結婚しないと決めているわけではない

次なるテーマは婚活です。結婚は人生においてかなり大きなライフイベントとのことですが（伝聞ですみません）、未婚シングルには、それが巡ってきません。あちこちで取材をしていると、しばしば既婚の方から「独身の人は、好きでひとりでいるのでしょう？」と言われます。そんな人もいますし、そうじゃない人もいます。私自身も、そうである気もするし、そうじゃない気もしています。

２０１５年に国立社会保障・人口問題研究所が行った出生動向基本調査で、18〜34歳の独身者に尋ねた、こんな質問があります。一生を通じて考えた場合、「いずれ結婚するつもり」「一生結婚するつもりはない」のどちらですか――。「一生結婚するつもりはない」は男性で12％、女性で８％。「いずれ結婚するつもり」は男性で85・７％、女性で89・３％でした。結婚しないと決めている人はだんだん増えていますが、少数派です。

この質問は、すごくざっくりした2択なので、「いずれ結婚するつもり」の中には、「めちゃめちゃ結婚したい」人も、「そのうちするんじゃない？」という人も、「できたらいいけど」とか「しないとは言い切れないな」とかいう人も含まれていると思われます。私も（調査対象年齢ではありませんが）「一生結婚するつもりはない」とは一度も思ったことはありません。まわりくどくてすみません。少なからぬシングルが結婚に興味があるんじゃないかと思っています。

というわけで、「ひとりのページ」を標榜する読売新聞の連載「シングルスタイル」は、しばしば結婚や婚活をテーマにしています。

50歳まで一度も結婚したことがない人の割合を、少し前まで「生涯未婚率」と呼んでいました。最近は「50歳時未婚率」などといいます。どうして50歳が「生涯」だったかというと、人口問題を考えるにあたって女性の出産可能年齢を15~49歳と考え、そこで区切ったからです。でもそれは、人口問題を考える文脈での話に過ぎません。子をなさずとも人生は続くし、50歳を過ぎて結婚をする人は増えています。

以前、アラフィフ(50歳前後の)シングル女性の胸中を聞いて回るという、かなり大きなお世話な特集をしたことがありました。

「ずっとひとりでいるつもりはなかった」と、かおりさん(48・仮名)はおっしゃいました。東京都内のアパートにひとりで暮らし、非正規で働いています。若いころ歌の道を志し、依頼があればいまでも歌っています。

結婚していないのは、長年同居して結婚話も出た彼と、30代後半で別れたのが大きかったようです。ずっと一緒だったから、ひとりで暮らすのは無理だと思いました。知り合いに頼まれて飼い始めた猫が家族になりました。晩酌をしていると膝に乗って甘えてくるそうです。心が癒やされるひとときです。

困ったとき助けてくれる仲間はいますが、「彼氏や旦那さんでないと頼りにくい」場面もあります。傍らにだれかいるに越したことはない、と思います。でも、人生経験とともに慎重さが身につきました。裏を返せば、思い切りのよさがなくなったということです。婚活サービスで知らない人と交際目的で出会うのは怖く、知り合いに「だれか紹介するよ」と言われても、うまくいかなかったら知り合いとの間にもひびが入る、などと考えてしまいます。日々大きくなるのは、老後の暮らしへの心配です。「あとどれだけ働けるのか。貯金もしてないし……」

一方で、恋愛や結婚にこだわらない人もいます。

大手企業幹部社員のまり子さん（51・仮名）は、東京生まれで、都会の空気を思い切り吸って育ちました。子供のころから「手に職をつけて生きていきたい」と決めていた通り、キャリアウーマンとして、起伏の多かった平成時代の東京を生きてきました。

価値観は明確です。「幸せは与えられるものではなく、自分が感じるもの」。結婚が幸せの決め手だと考えたことはなく、30代後半で自らローンを組んで、両親らと暮らす実家を建て替えました。「人にはいろいろなお役目があります」というまり子さん。子供がいる人の役目が次世代を育てることなら、自分の役目は、今の世代を支えることだと考え、仕事に邁進《まいしん》しています。若いころから「自分のしまい方」を考えてきたので、お墓には詳しいそうです。

ひとくちにアラフィフ独身女性といっても、すごく多様です。博報堂生活総合研究所の主席研究員、夏山明美さんが、こんな見方を示してくださいました。

「かつては寿命が短く、50歳までに結婚など人生の大半のイベントを終えて、その後は余生でした。寿命が延びて、余生は『後半生』となり、以前より結婚などをあきらめない方向に変わりました」

本当に人生が100年なのだとしたら、〝生涯未婚〟ラインの向こうに、まだ人生の半分が残っているわけです。実際に出会いを求める人たちに、話を聞きました。

中高年が結婚相談所に入会するワケ

JR博多駅（福岡市）近くのビルにある「アンジュ・ラポール」は中高年専門の結婚

相談所です。会員は約60人で、加盟するネットワークを通じて、他の相談所の会員を紹介することもあるそうです。

1か月前に入会した女性（61）は「定年をきっかけに、勇気を振り絞って婚活を始めました」と少し照れくさそうに話してくださいました。

お母さんとひとり娘という母子家庭に育ち、高卒で働いてためたお金で短大に進んで、メーカーに正社員として就職されました。20代のころ、お母さんの勧めで何度かお見合いをしたそうですが、ピンとくる人はいませんでした。「そのうち、すてきな誰かが現れるだろうと……。自信が持てなくて自分からは男性にぶつかれず、傷つくのが怖いあまり、恋愛もできませんでした」

そして仕事に趣味に忙しくしているうちに40歳を過ぎ、ひとりで生きる覚悟を決めてマンションを買ったそうです。お友達の指に光る結婚指輪はまぶしく見えましたが、ひとりなら、美容と趣味に、時間とお金を自由に使うことができました。

定年を迎えた昨年、お母さん（90）が老人ホームに入居されました。結婚について20年以上何も言わなかったお母さんが、ぽつりとおっしゃった言葉に胸をつかれました。

「あなたが結婚したら安心して逝けるのに」

母亡きあと、最期まで自分ひとりという孤独には耐えられないと思い、結婚の2文字が浮かびました。「受け身じゃ駄目だ」と、結婚相談所に入会したそうです。

もうすることはないと思っていた、35年ぶりのお見合い。あまり年上は、すぐ別れが来てしまうかもしれない。自分を受け入れてくれる、50～60代前半の元気な男性に出会いたい、というのが希望です。

昨春入会した高校非常勤講師の男性(64)は4年前、結婚25年のお連れ合いに離婚を切り出されました。以前から価値観の違いは感じてはいましたが、いきなりひとりで暮らすことになったのはショックだったそうです。

心の隙間を埋めようと婚活を始めました。「3か月で結婚」と宣言し、写真で気に入った女性に片っ端から申し込み、毎週土日にお見合いをしました。会うのは3回目、という日にプロポーズした相手もいたのですが、うまくはいきませんでした。「少しペースを緩めてみませんか」と相談所に勧められ、今は50代の女性と週1回のデートを重ねています。

男性は、婚活にかける思いを語ってくださいました。「僕の人生を傍らで評価してくれる相棒がいたら、残りの人生をもっと楽しめると思います。死ぬときはそんな相棒にそばにいてほしいし、逆にその人が死ぬときにはそばにいてあげたい」

50歳で離婚した女性（56）は「切実に、結婚したいと思っています」とおっしゃいました。29歳で恋愛結婚した当時は、女性が家庭に入るのは当たり前で、ずっと専業主婦をしていました。価値観も違っていましたが、結局、相手の酒癖が耐えられずに別れたそうです。「将来の年金を調べてもらったら、月7万円ほどしかありませんでした。介護の資格を取って働いていますが、高齢になっても働き続けることは難しいと思います。一人息子に迷惑はかけたくありません」

入会から8か月で、男性2人と交際されました。若いころのようにドキドキすることはないそうですが、「男性に見られると思って、きれいな格好をするのは楽しいです」とのことでした。

孤独。人生を輝かせてくれる誰か。経済的な安心感……。アンジュ・ラポールの石松恵子代表（58）は「シニアの場合、結婚したい理由や状況はさまざまです。今は定年退職しても20年、30年は元気に過ごせる可能性がありますから」と。いろんな人生を生きてきた人が、それぞれの理由で伴侶を探していました。見つかるといいな、と思いました。

そして、こんな集まりもあります。

気持ちを共有できる　死別シングルの集い

週末の午後、東京・銀座のホテルに40~60代の独身男女36人が集まっていました。参加者の共通点は、ここ数年の間に、配偶者を亡くしていることです。

自己紹介の後、立食形式で和やかに歓談が進んでいきます。最後にひとりずつマイクを握り、「同じ境遇の人と話せて久しぶりに心から楽しめました」「口紅をひこうか、洋服を買おうかと考えるだけで少し明るい気持ちになれました」と感想を語っておいでした。

企画したのは、離婚などを経験した人の交流サークル「パレット倶楽部」。都内で結婚相談所を営んでいた林文勇《ぶんゆう》さんが運営しています。死別に限定した「天国組」の集まりは２００９年に始まり、都内で毎月2回、大阪や名古屋でも定期的に開かれています。婚活だけが目的ではないのですが、カップル誕生は多いそうです。３年前に病気で妻に先立たれ、ここで知り合った女性と交際中の男性（49）は「心にぽっかり穴が開いて、ふとしたときに涙がこみあげます。残りの人生、ひとりきりはつらい。死別を経験した人ならこの気持ちを共有しあえます」と話されました。

林さんは「打ち明けにくい死別の苦しみを自然な形ではき出し、前向きになれた先に、新しい出会いが生まれればいいと思っています」とおっしゃいました。

中高年の人口自体が増えているということもあるのでしょう、50歳以上で初めて結婚する人はじわじわ増加傾向にあります。２０１７年の人口動態統計によると、男性の初婚が５３７７人で１９９０年の５・５倍、女性は２０４０人で１・８倍。再婚は男女計３万３５９４人で2倍になりました。

そういえば私も先日、中学の同級生に「結婚したい人とかいないの？　50代で結婚とかいう話、最近ときどき聞くよ」と唐突に言われ、驚きました。そんなことを人から尋ねられるのは20年ぶりぐらいです。時代の変化を感じた瞬間でした（結婚ばなしは、ありませんが）。

結婚相談所「ブライダルゼルム」（東京）の婚活アドバイザー、立花えりこさんも「50〜60代でみると、婚活パーティーの参加者は15年前の約10倍、相談所入会は約5倍になりました」とおっしゃいます。やはり、というか何というか、女性は経済力を重視する人が多いそうです。

中高年の場合、財産分与や墓の問題、親や自分たちが介護が必要になったときのことなど、あらかじめ話し合っておくべきことはたくさんあります。立花さんは「ゴールが必ずしも法律婚でないのがシニア婚活の特徴です。事実婚や通い婚、週末婚などの希望をプロフィル欄に示して相手を探す人も増えています」と教えてくださいました。

「1人より2人」と思ったなら、何歳でも婚活はアリかもしれません。生活基盤も考え方も確立した大人同士、ハードルも多そうですが、ここは、多くの晩婚カップルを取材し、『人は死ぬまで結婚できる　晩婚時代の幸せのつかみ方』（講談社＋α新書）の著書があるライターの大宮冬洋さんの言葉をお借りしておきましょう。

「一緒にいて喜びを感じる相手と出会ったときが適齢期だと思います」

結婚したいアラサー外国人に聞いてみた

視点をがらりと変えまして、日本で働く、結婚したいアラサー外国人を取材しました。

週末の夜。東京・有楽町のビルの一室で、エクシオジャパン（横浜市）主催の婚活イベントがありました。日本に住む外国人男性16人と日本人女性13人が1対1で向かい合い、相手を変えながら3分ずつ自己紹介をしていました。

不動産関連会社で働くニックさん（33・東京都葛飾区）は香港出身です。香港の生保会社でばりばり働いていましたが、激務で体調を崩したのを機に2017年に来日されました。以前から伝統的な日本文化にも憧れがあったようです。人懐っこい笑顔で、女性との会話もはずんでいました。

「ほぼ毎週、何かのイベントに参加しています。子供を育てることを考えたら、早く結婚したいと思います」

日本人女性がいいな、と思う理由をこう話してくださいました。

「優しく、男性を立ててくれるイメージがあります。香港の女性は気が強いんです。日本でママチャリの前後に子供を乗せて走る女性を見て驚きました。香港では家事も子育てもメイド任せが多いんです。私は、子育ては夫婦でやりたい。日本女性はそこがしっかりしていると思いました」

そうでしたか。日本女性といっても当然ながら、いろんな人がいるのですが、日本語が達者なニックさんなら、自分の思いを上手に伝えられそうです。

でも、この日は、いい人に出会えなかった模様でした。周囲からは「職場の人に紹介してもらえば」と言われるそうですが、うまくいかなかったら紹介者に申し訳ないという思いがあります。「難しいです。しばらく婚活休もうかな」と、がっかりしていました。

それでも2週間後「婚活再開します。簡単には諦めませんよ」とメールが届きました。そう。婚活に、ガッツは大切です。

同じイベントで女性の視線を集めていたのが、長身で赤いロン毛の米国人、ステファン・パントンさん（27）でした。14年9月に来日後、モデルとして、日本企業のCMやファッション雑誌などに出ているそうです。出会いには恵まれていそうに見えますが、話を聞いてみると、交際が続かないのだとか。

「たぶん、小さなことの積み重ねです。でも、相手はそれが何か話してくれません。最後はいつも『ｃｕｌｔｕｒａｌ　ｄｉｆｆｅｒｅｎｃｅ（文化の違い）』って言われます。便利な言葉だよね」。ちょっとコミュニケーションに苦しんでいるようでした。

「深く理解しあいたいのに、どんなタイプが好きかを聞いても、ｋｉｎｄとかｇｅｎｔｌｅぐらいです。優しいほうがいいのは当たり前でしょう。『どうしてほしいか』も言ってくれないんです」

反面、パントンさんが相手に求めることはとても明快です。たばこは吸わず、飲み過ぎず、適度に運動し、そこそこの英語を話し、「パリピ（騒ぐのが好きなパーティーピープル）」ではなく――。そうやって何でも言葉でしっかり説明しあう関係がいいという日本女性も、きっといると思います。

ところ変わって、東京都江戸川区西葛西の、日本最大のインド人コミュニティーです。

日本でインド食料品店を始めるご両親と一緒に17年に来日したインド人女性のギートゥさん（27）の話をうかがいました。

ご両親の店を手伝い、お休みの日には、日本人の友達と出かける生活です。見合いで早々に結婚させられることが多いインドを思えば、日本での独身生活は「気楽で自分の思い通り行動できる」とかなり快適です。ほかの仕事に挑戦する夢もあるようです。

でも、ご両親にせかされていざ結婚を考えると、やはり「インド人男性とお見合いで」となるようです。「母は日本語ができないし、日本人との結婚は、宗教とか、習慣が違いすぎて考えられません。今さら根本的には変われないですね」

日本人の友達は恋愛の話をしますが、そこにあこがれはありません。「結婚相手はほしいけれど、彼氏はいりません」。お見合い大国出身らしい言葉が、かなり新鮮に響きました。コミュニティー内で探しても、なかなか相手は見つからず、最近お父さんのプラディープさん（51）が、スマホのマッチングアプリにギートゥさんを登録したのだそうです。

3人の視点を通してニッポンの婚活現場を見わたすと、相手を探すのって、やっぱり一筋縄ではいかないものだと思いました。「文化の違い」と片付けずに自分を説明する努力は、相手が外国人でなくても大切です。「結婚相手はほしいけれど、彼氏はいらない」という言葉にはちょっと驚きましたが、ガチで結婚相手を探すなら、そのスタンスには学ぶべきかもしれません。そして「婚活、休もうかな」と、くじけそうになるつぶやきは、日本のアラサーと変わらないと思いました。

コロナで急浮上　オンライン婚活

と、ここまでは「コロナ前」の取材に基づくお話です。新型コロナウイルスの感染拡大で、出会いの現場も大きく影響を受けました。急浮上したのがオンライン婚活です。仕事も飲み会もオンラインでするようになったとはいえ、画面ごしに、生涯のパートナーを見つけることはできるのでしょうか。

ある夜。お願いして、オンライン婚活パーティーをのぞかせてもらいました。参加者のひとり、横浜市のメーカー勤務の女性（27）の隣で、様子を見ていました。女性は、早く結婚して30歳までに子どもを産みたいと考え、感染の収束を待てなくて、オンラインを積極的に活用しているとのことでした。

主催は、婚活支援の「ＬＭＯ」（福岡市）。パーティーといっても会場に集まるのではなく、それぞれが自宅のパソコンから参加します。女性は開始10分前、パソコンの前に座って、オンライン会議システム「Ｚｏｏｍ」にログインしました。

女性は、淡い水色の装いです。「パソコンのカメラは暗く映りがちなので、口紅も明るめにして、明るい色の服を着ます」。少しでも印象をよくするためです。

この日の参加者は、男性３人と女性２人。画面には司会も含めて６人の顔が映っています。まずは簡単な自己紹介と「どういう結婚生活にしたいか」を順番に語りました。子どもと遊びたい、恋人のような夫婦に――。家にいるせいか、みんな落ち着いて話しています。

次は男女が１対１で表示されるスタイルで、男性３人と順に15分ずつ話しました。ほかの参加者を気にせず、聞きたいことを聞くことができます。女性は常に笑顔で、相手が話す間は、大きくうなずいていました。「無表情だと相手が話しにくいんです。それに、通信状態が悪くて映像が止まったときに、変な顔だったら嫌じゃないですか」

なるほど！　気を使うポイントが、直接会うお見合いとは少し違うようです。

女性は「オンラインでも、表情や話し方など、対面したときの7割ぐらいの印象はわかります。実際に会いたいかどうかが判断できれば十分だと思います」と話されました。気になる相手が一致したら連絡を取り合えるようになり、2人のタイミングで、対面するそうです。

結婚相談所「ＩＢＪ」（東京）は4、5月だけで4000件以上のオンラインお見合いを実施したそうです。双方が今後も会いたいと希望する「仮交際」への発展率が、対面は3割なのに比べ、オンラインは5割と高かったのだとか。担当者は「意欲の高い方が参加されたことに加え、自宅でリラックスして話せて、対面のお見合いより短時間なので『もう少し話したい』と思う人が多かったのではないでしょうか」と。

会場までの移動も、店で着席するまでの時間も飲み物の注文もない。オンラインお見合いはまさに「本題のみ」のスタイルです。利用者の、川崎市のＩＴ企業勤務の男性（29）は、その効率性が気に入っています。移動で疲れないから、お見合いの掛け持ちだってできます。

「初対面は、オンラインの方が緊張しないで話に集中できます」。聞きたいことを忘れないように、手元にメモを置いて話をすすめてもよいわけです。男性は、交際に進んだ相手とオンラインデートで会話を重ね、緊急事態宣言が解除された後に初めて会いました。「身長が想像より低いかな」と思ったぐらいで、大きなギャップは感じなかったそうです。「コロナで会えないときの次善の策」という以上の利点がたくさんあれば、今後もきっとオンライン婚活は広がるのでしょう。

もっとも、全員がよいと思うわけではありません。

「苦痛の時間でした」と、横浜市の商社勤務の女性（31）は、話が盛り上がらなかったオンラインお見合いのことを振り返りました。会話が途切れると、お店のような自然な雑音もなく、本当に無音になってしまい、いたたまれなかったそうです。「私は、会ってみないことには気持ちが高まらないんだと思います」。オンラインで、その人とつきあいたいかどうかはわかりそうにない、と感じているようでした。

オンラインのお見合いパーティーで出会い、直接会った翌日に婚姻届を出した熊本市のホテル勤務の男性（31）と東京都の病院職員の女性（43）のお話を紹介しておきましょう。

スピード婚だったこともあり、周囲は「大丈夫？」「もう少し様子を見たら」と心配したそうです。そう。世間はまだ、オンラインの出会いや交際に慣れていません。

オンラインで出会ったあと実際に会うまでに、一日中無料通話でつながって同じ時間を過ごし、メッセージをたくさんやりとりしました。バイクのツーリングの趣味が共通することや、それぞれ資格取得を目指していること、何より波長が合うことを確認しあったそうです。会ってデートを楽しむのと違い、オンラインは言葉が中心です。今後の暮らしについて、実のある話し合いが進んでいきました。

女性は「対面しても、想像していた姿が、そのままリアルになった感じ」とおっしゃいます。男性は「昔の人が文通で仲を深めて結婚したみたいに、ぼくたちはオンラインで出会って電話やＬＩＮＥで仲を深めた。最先端のようで、むしろ昔の結婚みたいだと思います」と。いまはまだ別居婚ですが、遠からず熊本で同居するそうです。

相づちは3割増しで　話すときは抑揚をつけて

プレゼンテーションの仕方を企業に助言している広報コンサルタント・永井千佳さんに、オンライン対話のポイントを聞きました。婚活以外の場面でも、参考になりそうです。

「まず環境を整えましょう。イヤホンやマイクのほか、顔が明るく映るように、デスクスタンドや専用の照明を用意します。白い壁を背景にすると清潔感が出ます。カメラは正面に向けます。相手が映る画面がカメラの真下にあると、目線を合わせやすくなります。

オンラインは視覚と聴覚でしか伝わりません。空気を読んでもらうことを期待せず、思いや考え方を言葉にする力が必要です。

対面との一番の違いは、相手の反応がわかりにくいことです。聞いているときの表情や相づちは普段の3割増しで。そうすると相手も話しやすくなります。自分が話すときも、抑揚をつけて感情を込めて伝えましょう。穏やかな気持ちも大事です。深呼吸をして始めましょう」

そもそも、対面しないとわからないことって、何なのでしょうか。みなさんの話をうかがっていると、意外と少ないのかもしれないという気がしてきました。オンラインで出会っても、交際や結婚まですべてオンラインというわけではありませんから、知り合うきっかけの一つとして、十分選択肢になりそうです。画面ごしの交流が、パートナーを探す人に限らず、ひとり暮らしの日常にも、新たなつながりをもたらす予感がします。

中高年の出会いは増え、ＩＴ技術を背景に、オンラインという新たなスタイルも登場しました。どこまで出会いに前のめりになるかはともかく、選択肢が増えるのは喜ばしいことです。そして、もろもろうまくいかなかったとしても、驚きのアクロバットが用意されています。次章でご紹介します。

第五章　ソロウェディング

「それはヤメテ！」

ちょっと内輪話を書きます。

私は、読売新聞の「シングルスタイル」というページの編集長をしています。ページはいま月に2回です。自分で記事を書くこともありますが、大半の回は、いろんな部の記者や編集委員が、それぞれテーマを提案し、取材・執筆しています。ゆるい編集長なので、題材はだいたい「いーよ、それで」ということになるのですが、ごくまれに「それはヤメテ！」と言ってしまうことがあります。この章でご紹介する「ソロウェディング」がそうでした。

ソロウェディングとは、女性がひとりでウェディングドレスを着て写真撮影などを行うサービス。結婚式をしなくてもドレスは着たい、という願いをかなえるものです。4年ほど前に取材の提案があった際は、却下してしまいました。私自身が正視できなかったのです。「痛すぎる」と思いました。読者に広く共感してもらえる形で表現する自信もありませんでした。実はめっちゃ保守的なんです、私。提案してくれたアズマさん、ごめんなさい。

しかしソロウェディングは昨年ふたたび編集の俎上《そじょう》にのぼりました。女子の地雷原である「おひな様」領域にも踏み込んだ、怖い物知らずのタナカヒロシくんが手を挙げたのです。「おもしろいと思いますよー」と大阪のデスクのナカダテさんも言うので、今度はこわごわ掲載してみることにしたのでした（どんだけ小心者……）。

ウェディングドレス女子会

２０１９年11月下旬、ソロウェディングのウェブサイトを開設している東京都渋谷区の写真スタジオ「ａｉｍ東京原宿店」に、茨城県つくばみらい市の医療事務員滝本紗也加さん（30）と東京都板橋区の会社員新谷なびきさん（30）が事前の打ち合わせで来ていました。

「こっちのデザインもステキ！」「全部着たくなっちゃう」。２人ともぴかぴかの笑顔でドレスを選び、試着室では互いに見せ合って「かわいい」を連発していました。

２人は中学時代の同級生で、誘ったのは滝本さんでした。滝本さんは5年前に離婚をしています。「(元夫とは）急な結婚だったので写真を撮れませんでした。当分再婚する気もないので、30歳の記念に収めておきたいと思いました。でも、ひとりでは勇気がなくて……」。一方、新谷さんは「結婚やドレスに思い入れはないんですけど、ハロウィーンの仮装みたいな感覚で興味がありました」と笑っておられました。

店には連日のように問い合わせがあるそうで、これまでに20代から60代まで300人以上が利用したといいます。「女子会のように複数で訪れるケースが増えています。楽しさを分かち合えるのが魅力のようです」と同店の大橋永《はるか》さんがおっしゃいました。

ドレス着用を家族と一緒に楽しむ人もいます。徳島県石井町の「阿部写真館」本店で、シングルマザーの看護師が、スーツ姿の中学1年の長男（13）とポーズをとっていました。

毎年、「成長の記録を残したい」と長男の誕生日に親子で同店を訪れ、記念写真を撮っているそうです。今年は、ソロウェディングのサービスも受け付けていると聞いたので申し込み、部分的にピンク色が入ったドレスを選びました。例年とは違う演出に、息子さんはとても緊張した様子でした。

元夫との婚礼写真は残っていますが、見返すことはありません。「これが今の家族の形です。ドレスを着て、気持ちも若返りました。嫌々ながらも付き合ってくれた息子に感謝したいです」と、うれしそうでした。

同写真館は大阪などにも支店があります。80代の母親に写真を見せ、「あなたのウェディングドレス姿を見られないと思っていたのに」と喜ばれたという50代女性は「自分へのごほうびのつもりが、親孝行にもなりました」とおっしゃいました。「大切な家族」として、ペットと一緒に撮る人も少なくないそうです。

ソロウェディングは、京都市の旅行会社が２０１４年に、宿泊付きの撮影プランを発表して話題になったのが始まりです。婚姻件数が減少するとともに、式を挙げないカップルも目立つようになり、ブライダル関連業者が新たな商機ととらえて参入する動きが相次ぎました。

さて、世の中の人はこうした楽しみ方をどう見ているのでしょうか。女性向け情報サイト「マイナビウーマン」が17年に22〜34歳の男女に聞いた調査結果があります。「賛成」と答えたのは46％でした。一方で「反対」は54％。微妙な線ですが、思っていたほど周囲の視線は冷たくない、というあたりでしょうか。女性で「興味がある」と答えた人は、２割ほどでした。

「結婚前にウェディングドレスを着ると婚期が遅れる」。そんな言説を耳にした覚えがありますが、結婚への意識を高めるために着る企画もある模様です。

男女の出会い支援イベントなどを紹介するサイトの運営会社「リンクバル」（東京）は２０１８年7月、都内の結婚式場で「ウェディングドレス女子会」を開きました。公募で集まった20～30代の独身女性６人が、花嫁気分を体験されました。

参加した千葉県の会社員（28）は「婚活がうまくいかず、一生結婚できないのではと思っていたときにイベントに参加しました。ドレス姿の写真を見た家族に『似合ってるよ』と褒めてもらい、前向きな気持ちになれました」と振り返りました。イベント後に知り合った人と、ご結婚されたそうです。おめでとうございます！

純白のドレスを広めたのはビクトリア女王

ちなみに、純白のウェディングドレスは、いつから広まったのでしょうか。全日本ブライダル協会（東京）に聞きました。

普及のきっかけは１８４０年の英国・ビクトリア女王の結婚式だそうです。王家の伝統だった銀糸刺繡《ししゅう》のドレスにマント姿ではなく、上流階級の若者の間で流行していた白いドレスを選び、国民の支持を集めたようです。

日本では、1873年に長崎で行われた中国人男性と日本人女性の結婚式で初めて着用されたということです。1964年には桂由美さんが国内初のブライダル専門店を開店します。81年の英国・チャールズ皇太子とダイアナ元妃の結婚式などの影響で、キリスト教式の結婚式を挙げる人が増え、定着していきました。

女性の消費行動に詳しいマーケティングライターの牛窪恵さんが、こんなふうに語ってくださいました。

「ソロウェディングの浸透で『結婚相手がいなければウェディングドレスは着られない』という既成概念が打ち破られました。近年は、SNSなどで知り、自分もやってみたいと思った人が『誰かと一緒なら抵抗感なくできる』と、女子会の雰囲気で盛り上がる傾向が広まりました。価格が数万円程度と手頃なのも魅力で、女性同士なら男性が気づかないところまで褒め合えるのも、満足感が高まる理由なのでしょう」

「ソロ」＋「ウェディング」。名前からして破綻していると最初は思ったのですが、既成概念を打ち破った、とも確かにいえますね。ドレスを着ている人たちの写真は、どれもとても楽しそうでした。撮影後に「もう思い残すことはない」と口にした人もいらっしゃったと、写真館のスタッフさんが教えてくださいました。掲載後、「私もやってみたい」という声も寄せられました。私は何を恐れて掲載をためらったのか――と思い返しました。

「おめでとう、私！」

これまでシングルスタイルの連載で、自由に生きる独身者をたくさん紹介してきました。

たとえば、高知市に住む熊澤直子さん（57）。離婚を経験し、子供はいません。パンダの顔のかぶり物に忍者風の装いで「パンダおばさん」として商店街や日曜市などに出没し、子供たちに紙で作った手裏剣を配り、だれに頼まれるでもなくふるさとの町おこしをしています。亡くなったおばあさんが「町を、前みたいににぎやかにしてほしい」と言っていたことがきっかけだそうですが、ゆるキャラブームを背景に「パンダになって人を集める」という思い切った決断ができたのは、ひとり者だという自由さがあったからでした。「だんながおったら、『アホなことすな』って言われますよね」

それから、兵庫県のクラシックカー愛好家の男性会社員（50）。少し前に、愛車のために1階はガレージ、2階が住居の家を建てました。「設計は完全におひとりさま仕様です。家を建てたときが、ひとりで生きることを決心した時期でもあったのかな」とのこと。

子供のころから車が好きで、海外勤務時代に英国の文化や、その象徴のような英国車に惹《ひ》かれたそうです。車庫には70年代の英国車が2台。「丸いヘッドランプなどデザインに表情があります。年代物は故障しやすく、手のかかる子ほどかわいいという心境です。コストがかかる趣味ですから、結婚していたらできなかったでしょう。気兼ねなく好きなものに囲まれ、自由な時間と空間を満喫できる。もしかしたら死ぬ間際に後悔するのかもしれませんが、自分の選択に間違いはないと思います。人の幸せはそれぞれですから」。そう、おっしゃいました。

きっぱりと自分で自分の行く道を決める姿には、感銘を覚えます。私は、シングルという自分のありように自信が持てなくて、人は自分をどう見るだろうかということをいつもジメジメ考えてしまうほうです。でも、シングルスタイルの取材をする中で、そんなふうに人の視線を気にするよりも、自分が好きなこと、自分がしたいことをハッキリ言えることのほうが大事だと思うようになりました。目の前が少しだけ開けた気がしています。

「結婚の予定はないけれど、ウェディングドレスを着てみたい」という願いもそうです。本の最初に、「シングルは、結婚とか出産とかのライフイベントが少ない」というご指摘をいただいたと書きました。イベントがなかったら、作ったらいいんだと思い至りました。人に祝われないことでジメジメする前に、自分で自分をパーッと祝ったらよいのだと思います。

おめでとう、私！

第六章　住む　その1

マイホームとシングル女性との微妙な距離感

住まいの話です。マイホームって、シングル女性とは微妙な距離感がありますよね。家族を持ったら買うイメージがありますから。でも、若くして購入を検討する人もいらっしゃいます。

埼玉県に住む猪瀬安希子さん（31）は不動産会社勤務ということもあり、ご自身の不動産購入意欲も高い方です。それでも、探し始めておよそ1年「なかなか条件に合う物件がなくて」とおっしゃいます。

買いたい理由は「毎月払う家賃がもったいない」と感じるからです。チワワ4匹と住む1LDKは家賃月額約9万2000円。「ペット可」の分、やや割高で、次の契約更新までに家を買って引っ越したいと考えています。

営業職でバリバリ働いているので、35年のフルローンを組んで4000万〜5000万円の物件を買いたいそうです。家賃と違い、ローンを払えば家は資産になります。

慎重になるのはいろいろ不確定要素があるからです。一つは、そう、「結婚」です。故郷の同級生は多くが既婚です。ご自身も結婚はしたいと考えていますが、今のところ予定はありません。いま買えば結婚するとき手放すかもしれない。でも結婚しなかったら一生住むのかも。どちらでも困らない立地や間取りは——と考えると、決断できる物件にまだ巡り合わないのです。

もし業績が落ちたり、配置転換されたりして収入が下がったら、ローン返済は大丈夫なのかと、それも心配になります。

さらに。犬持ちで家持ちになったら婚期は遠のくのか……と。「いや、遠のいたっていいです。結婚は今すぐ必要なものじゃありません。私にとっては、もったいない家賃をどうにかするのが最優先です」。ローン返済が、仕事をいっそう頑張る意欲につながる、と、猪瀬さんは考えるほうなのです。

不確定要素があって大事なことが決まらない感じって、すごくよくわかります。私も、結婚したらちゃんとしたのを買おうと思って、今も間に合わせの家財道具を使っています。結婚することを「身を固める」と言うことがあります。それって文字通り、不確定要素が少なくなって、ものごとが決めやすくなる（決めざるを得なくなる）ってことでもあるのかな、などと考えたりします。

25歳女性　思い切りよく東京都内の１ＬＤＫを購入

一方で「大丈夫？」と心配になるほど思い切りのよい方もいらっしゃいます。25歳で東京都内の１ＬＤＫを買った会社員女性（27）のお話をご紹介しましょう。

神奈川県のご実家でひとり暮らしにあこがれていた社会人３年目の夏のこと。不動産に興味があって熱心に情報収集していたお母さんに「マンションの見学会に行こう」と誘われました。

駅から徒歩５分以内の場所に建設予定のマンションは「女性向け」のふれ込みで、収納が多くキッチンや浴室など水回りが使いやすそうでした。「部屋の感じもガーリーでかわいい」と好印象です。でも、自分が買うとは思っていませんでした。

年収は約４００万円。「ローンが組める年収ですよ」と言われ、その場で資金シミュレーションを見せられました。一番小さい１ＬＤＫは約３０００万円。35年ローンで頭金、ボーナス払いなしだと毎月の返済は約10万円です。「いま貯金している額を支払いに回せば無理じゃない……」。急に購入が現実味を帯びました。

決め手は、しっかり者のお母さんが「良いんじゃない」と言ったこと。なんとその場で仮予約を申し込みました。「比べ始めたら決められなくなる」と思って、もっと探そうとは考えませんでした。

引っ越した今は帰宅が楽しみで、旅先でも「帰ってうちのシャワー浴びたい」と考えるそうです。

「結婚ですか？　機会があればしたいですけど、2人には狭い部屋なので、次に買うときはもう少し慎重に考えます。結婚できなくても、この家があるから困らないかなっていう安心感もあります」

実は、背伸びしたみたいで少し気恥ずかしく、友達には「賃貸」と言っています。「更新料は？」と聞かれて取り繕うのが大変だったそうです。


「もう一生の買い物ではない」けれど、「一目ぼれは危険」


買うには勉強が必要です。

猪瀬さんの勤め先でもある埼玉県の不動産会社には、女性ばかりで不動産を話題に交流する「ふどうさん女子」という活動があります。イベントで物件のあっせんはせず、ローンやインテリアなどをテーマに講師を招き、勉強や情報交換をしています。100人以上いる会員はやはり不動産関係の仕事の女性が多いそうですが、他業種の人も来ます。

人生設計のいつ、住宅購入を組み込むかをテーマにしたこともあります。結婚や出産などライフイベントと関連づけて考えている人が多いからです。運営メンバーの中山紫欧里さん(26)は、同社で販売を担当しています。「私と同い年の女性が両親と住むためにとか、シングルマザーが子どもと住むために、と購入する例も担当しました。シングル女性が住宅を購入する理由は本当にいろいろです」と教えてくださいました。

踏み切るか、慎重を期すか。様々な考え方があります。

若者のマンション購入を「家活」と名付けて奨励する不動産コンサルティング会社経営の沖有人さんは、「独身で家を買い、家族ができれば売って大きな物件に引っ越す。もう『一生に一度の買い物』みたいに考えなくていいと思う」という立場です。

でも独身者は、病気などのリスクをひとりで引き受けることにもなるので、沖さんは「いざというとき売りやすいように、資産性を考えて買うのが重要です。マンションなら立地に尽きます」と話されました。

「近い将来結婚を考える若い女性は慎重になるべきです」とおっしゃるのは、宅地建物取引士の資格も持つファイナンシャルプランナーの竹下さくらさんです。

ローン返済が始まってすぐに売ることになったら、元金部分の返済には至っていなくて、物件の価格と残債分との差額を現金で穴埋めしなければならない場合があります。

竹下さんは「収入が下がることがあっても、賃貸なら安い物件に住み替えられますが、購入だとそうはいきません。若くして住宅ローンを組むメリットは長く借りて返済月額を抑えることです。つまり、長く住むことを想定しているんです。一目ぼれで決めるのは危険で、慎重に選ぶのが肝要です」とおっしゃいました。

不動産購入を巡る、いろいろな言い回しを耳にしました。「100%はない。75%で良しとする」「慎重に」「考え過ぎてもだめ」「もう一生の買い物ではない」「一目ぼれは危険」「複数見て目を肥やして」「最後は自分の心一つ」。

なんだか婚活の話を聞いているようでした。

シングルの自由度を最大限に生かしてみる

シングルの自由度を最大限に生かして、「身を固めない」選択もあります。移住にチャレンジした方々をご紹介します。

福岡市・天神の繁華街から2駅、中央区平尾の路地裏にある古民家の扉を開けると、スパイスの香りが鼻に飛び込んできます。

インドカレーの店「ｆｌｏａｔａｎ（フロータン）」オーナーの平野敦子さん（46）は２０１６年、東京都調布市から移り住んだ人です。

長崎生まれ。お父さんが転勤族で、福岡は高校、大学時代を過ごした土地です。就職した大分県のデザイン会社が東京進出するときに、「行きたい」と手を挙げて上京しました。28歳でした。

「一度は住みたい」と思っていた東京は、刺激にあふれ、フリーのウェブデザイナーに転身後も仕事は順調でした。でも、人がひしめく中で暮らし、勤めていたとき以上に顧客に気を使うようになっていました。「頑張らなきゃ」「人の役に立たなければ自分の価値は上がらない」。何者かになろうと、肩にはガチガチに力が入っていました。

40歳のとき、脳腫瘍《しゅよう》が見つかり、手術前に「聴覚を失うかもしれない」と説明を受けました。障害は残りませんでしたが、「この世には考えてもどうにもならないことがある」ということが身にしみたそうです。「私自身が『快い』と思える生き方をしよう」と決めたら肩の力が抜けていきました。

一から始める気持ちで福岡に来ました。壁も畳もボロボロの空き家を見つけ、資金を集めて改装し、開店したのが2017年6月です。趣味で集めていたスパイスを調合して作るカレーには自信がありました。クミンやブラウンマスタードをいためると、快い香りが立ち上ります。

基本メニューは、ひよこ豆のカレーとチキンカレーを盛ったプレート1種類ですが、手間をかけた味わいと、平野さんの柔らかい人柄に惹かれ、食事時を過ぎても人が来ます。今や街の隠れた人気店です。

てっきり、ここに根を下ろすのだと思ったら、平野さんは「何年かたったら、別の場所に移っているかも」と。「乗るべき流れを見つけたら、また、身一つで飛び込むと思うんですよ」。店に執着する様子はみじんもない笑顔でした。

「もう勢いで引っ越しちゃった」

「あそこに赤ちゃんイルカが見えますよ」

東京から熊本県天草市に移住した高崎ひろみさん（40）は、イルカウォッチング船の上にいました。東京生まれで、看護師として、病院や高齢者施設で働いていました。イルカが大好きで、イルカに会うために国内外を旅するのが趣味でした。

天草では、沿岸に生息するイルカに高い確率で会えるそうです。イルカと一緒に何かしたくて、市の起業創業・中小企業支援センター（通称・アマビズ）を訪問しました。そこで、イルカウォッチング船の組合長を紹介されたことをきっかけにご縁が広がっていき、イルカが呼んでるよ、と誘われて、最終的には「もう勢いで引っ越しちゃった」と話されました。

イルカウォッチング船でガイドをしながら、ウェブでイルカ情報を発信する「天草イルカラボ」を設立しました。勉強会や講演に忙しくしています。「天草に、イルカがずっとすみ続けてほしいんです」と熱く語る高崎さん。でも、天草に腰を据えるかどうかと尋ねると、「今は天草にいて、イルカが私の人生のど真ん中にあります。でも、50歳になった私のど真ん中に何がいるかは、わからないなあ。どこで何をしているのか、とても楽しみです」と、目をきらきらさせて語るのでした。

1000人以上の地方移住者と交流し、『移住女子』（新潮社）の著書がある編集者の伊佐知美さんにうかがいました。「シングル女性の移住は増えているように思います。身軽なのは確かで、女性はアクティブになりました。事前に何度も足を運んで地域の人と交流し、ライフスタイルを知る。下調べと柔軟性が成功の秘訣《ひけつ》です」と教えてくださいました。自治体などが用意した住宅を借りて短期間住む「試住《しじゅう》」もおすすめだそうです。

高崎さんを支援した「アマビズ」の内山隆さん（52）も東京からの移住者です。「地方は人と人との距離が近く、最初は戸惑うかもしれません」。とにかく多くの人と出会い、関係を作ってきたそうです。

移住が居場所探しのゴールかと思ったら、紹介したおふたりにとっては今いる所も

「旅の途中」のようでした。仕事に結婚、子育て。そうした「よし」とされるライフコースにとらわれず、「快い」とか「人生のど真ん中」とか、自分の価値観を信じてかじを切る。その軽やかさに目を見張りました。

部屋を借りにくい……単身高齢者の苦労

話は変わります。高齢になってからのひとり住まいの事情も、少しだけ見ておきたいと思います。単身高齢者は賃貸住宅を借りにくい、というのは昔からある問題ですが、現在のような超高齢社会ではまさに、誰にでも降りかかる可能性があります。

「緊急時に連絡が取れる人がいないと貸せません」。福岡市の男性（73）は、71歳だった昨春、不動産業者にそう言われたそうです。

それまで住んでいた市内の2DKのマンションを出ることになったのは、同居していたいとこが親の介護で実家に戻ったからでした。スーパーの早朝パートで週5日働き、年金と合わせて月20万円近い収入があるのに帰る部屋がなくなりました。80代のお兄さんには頼れず、カプセルホテルに泊まるようになりました。ついお酒の量も増えて、「このまま行き場所もなく、死んでしまうのかな」と考えたそうです。

単身高齢者が部屋を借りにくいのは、大家さんたちや不動産会社に、孤独死や家賃滞納への警戒感があるためです。日本賃貸住宅管理協会の調査で、大家の約6割が高齢者に「拒否感がある」と答えています。

男性を救ったのは、緊急連絡先や保証人を確保できない高齢者の賃貸住宅入居を支援する「住まいサポートふくおか」でした。福岡市社会福祉協議会などが始めた事業です。「見守り」や「死後の家財処分」など支援メニューを提案することで、協力店と呼ばれる不動産会社を通じて家主に理解を求めています。同社協の栗田将行さんは「高齢者のバックアップ体制を築き、家主さんに安心してもらう狙いです」とおっしゃいました。スタートから4年で約200件の入居につながり、協力店は約40社に増えたそうです。

男性は、埋葬や家財の処分など死後の手続きを社協に任せる契約と、月1回の見守りサービスを利用することで、家賃3万8000円のワンルームを借りることができました。「どうにか生きていける」とほっとしたそうです。部屋のキッチンで時々野菜を湯がき、ポン酢をたらして酒の肴《さかな》にしています。「体にいいそうだから」。お酒は減り、スーパーの仕事を増やしました。「働けるうちは働きたい」と話しておいでてした。

配偶者がいたとしても、先立たれるなどしてひとりになれば、こうしたことは起こります。

長年連れ添った夫を亡くした埼玉県の女性（67）は「２ＬＤＫのマンションは、ひとりには広すぎる」と住み替えを決めました。不動産会社で「高齢の方は借りにくい」と言われ、「どこなら借りられますか？」と尋ねました。結局、ホームネット（本社・東京）が提供する有料サービス「見まもっＴＥＬプラス」の利用を条件に、ロフト付きの１Ｋに入居されました。

「本日の体調はいかがでしょうか」と安否確認の電話が週２回あり、プッシュボタンで「元気です」「ちょっと体調が悪いです」を選んで応答します。孤独死が起きた際の部屋の原状回復などの費用の補償もセットです。女性は、「借りられるだけでありがたいと思います。倒れて見つけてもらえなかったら大変ですもの」と話されました。

入居のハードルを下げる、こうした見守りサービスが普及してきたようです。納得する方もいらっしゃいますが、こんな声もありました。

「センサーで管理されている感じが嫌だった」。都内でひとり暮らしの女性（73）は前の年まで住んでいた高齢者専用住宅の生活を振り返りました。半日ほど外出したとき、センサーが長時間反応しなかったため、警備会社に出動要請が行ったこともありました。

昨夏、一般向けの賃貸マンションに転居されました。保証会社への保証料の支払いと、緊急連絡先は求められましたが、契約は成立しました。家賃を払えることを示すため、言われる前に通帳のコピーを出したそうです。「先のことはわかりませんが、自由な生活が最高です」

ひとりは多様です。生活も体調も、見守りサービスで安心するか、うっとうしいと思うかも、それぞれです。

65歳以上の人を専門とする賃貸物件の仲介サービスがあります。依頼を受けて東京23区を中心に物件を探す「R65不動産」という会社です。山本遼社長（28）が「年を取っても若いころと同じ感覚で家を借りられる社会にしたい」と考えて始めたそうです。

山本さんは、「『高齢でも貸します』という大家さんはいます。でも、周囲の誰かに

『やめたほうがいい』と言われ、貸した経験がある人が少ないんです」とおっしゃいます。

契約まで3か月、半年と、若い人より時間がかかり、成約は月10件程度です。でも、つながりができた不動産会社から次の物件を紹介してもらえるケースも増えてきました。

山本さんも、適切な見守りサービスが借りやすい環境づくりのカギだと感じています。「30年前も高齢者は部屋を借りにくかった。今何とかしなければ30年後も変わらないと思います」と話されました。

１９８０年に、高齢者がいる世帯の半分を占めた「3世代同居」は、今や1割あまりになりました。倒れたときのＳＯＳ発信や死後の身辺整理のサービスを利用するのが、現実的な選択なのでしょう。

１９８６年に『女が家を買うとき』（文春文庫）などでシングル女性の生き方を描いた作家の松原惇子さん（71）も65歳のとき、ワンルームの賃貸契約をする前日に入居を断られ、お母さんが暮らす実家に避難したことがあります。その騒動を『母の老い方観察記録』（海竜社）に書いておられます。

松原さんは、アパートに単身で30年以上住み続ける80代のお知り合いの話もしてくださいました。大家さん親子2代に「ずっと住んでいてくださいね」と言われているそうです。「彼女は明るく正直で、コミュニケーションができる。扉を閉めて家賃だけ払っていても、そういう関係は築けないわね」。人と人のつながりという基本も重要なようです。

「住まいサポートふくおか」を訪れた相談者の「転居を希望する理由」から、引っ越しを余儀なくされるさまざまな事情が見えてきます。最多は「家賃を下げたい」です。夫が亡くなって年金収入が減り「今までの家賃は払えないし、広くなくていい」と転居を考えるケースが多いそうです。高度経済成長期の終わりごろなどに建ったアパートが、建て替え時期を迎え、「立ち退き」を求められたケースも目立ちます。足腰が不安になり、低層階に移りたいという希望もありました。

ご高齢のみなさんのお話をうかがってつくづく思うことは、生活事情も健康状態も変わるものだし、不測の事態だって起きるんだ、ということです。

以前、シングル女性向けの読者イベントを開いたときに、応募者のみなさんの関心事をお尋ねしました。20代の方も含め、多くの方が「老後のこと」と書いていらっしゃいました。「住宅問題」「賃貸か持ち家か」という人も。みんな心配なんだな、と思いました。私は、元気なうちからできる準備はしたいと思いますが、どんなに頑張っても、完璧な備えというのはたぶん、できません。頭の中のすべてが心配で埋め尽くされてはちょっとつまらない。リスクは直視しつつも、シングルには自由や可能性だってたくさんあることを、忘れずにいたいと近ごろは考えています。

第七章　ひとり遊び

あなたがやってみたい「ひとり○○」は？

ひとりで楽しむレジャーについてです。

何度か言及いたしました「女性向け読者イベント」（2018年11月）の様子を少しご紹介します。

近年、中国ネット通販業界は11月11日を「独身の日」と称してセールを行い、ものすごい金額を売り上げています。私ども取材班は、そのブームに便乗し（何の稼ぎも生みませんが）、その前日の10日、女性限定トークイベント「シングルスタイル女子会『独身の日』前夜祭」を読売新聞東京本社で開いたのでした。

ゲストは、ひとりであちこちを見聞し、漫画やコラムに描いている辛酸なめ子さんと、KADOKAWAの編集者でひとり向け情報誌『おひとりさま専用Walker』生みの親の中村茉依さん。いずれもひとり遊びの大家です。参加者は20〜60代の約50人でした。

イベントの申し込みを受け付ける際、みなさんに「やってみたい『ひとり○○』」を書いていただきました。その一部がこちらです。

▽ひとり旅▽ひとり青春18きっぷ▽ひとり秘境温泉▽ひとりオペラ▽ひとりカラオケ▽ひとり登山▽ひとり遊園地▽ひとりピクニック▽ひとりサンバレストラン▽ひとりベリーダンスショー▽ひとり飲み▽ひとり果物狩り▽ひとり船旅▽全員ひとりお茶会▽ひとり食べ放題▽ひとりギョーザ▽ひとりハロウィーン▽ひとり観覧車▽ひとり宿坊▽ひとりバンジージャンプ▽ひとりキャンプ▽ひとりパラセーリング▽ひとり浜焼き▽ひと

り歩き▽ひとり高級フレンチ……。ところどころ妙に具体的です。オペラやベリーダンスはご自分が演じたいのか見たいのかは不明でした。

このようなリストを眺めながら、会場は、ひとりレジャーの話で盛り上がりました。辛酸なめ子さんは「映画もひとりのほうがいいですね。誰かと一緒だと『楽しんでくれているかな』と気を使うし、後半は『感想を聞かれるだろうから、考えないと』なんて思って集中できないんです」と打ち明けられました。

中村茉依さんも「カラオケは、いろいろな世代の人がいると『この歌、知ってるかな』と気を使います。ひとりカラオケは歌いたい曲を歌えて、音程が外れてもいい、ストレスフリーな空間です」と話されました。

そう。ひとり遊びは、人の視線や読まなければならない「空気」からの解放でもあるのです。そして、中村さんの一言が高らかに響きました。

「飲食も遊びも旅行も、今はひとりでできないことは何もない。『ひとりだから、これができない』という思い込みを捨てて、毎日を充実させたいです」

そうです。ウェディングでさえソロでできる時代だと思えば勇気もわいてくるというもの。さっそく、いくつか活動の現場を見てまいりましょう。ひとりレジャーにも、いろいろな楽しみ方があります。

ひとりご飯デビュー

「ひとりで外食をしたことはないです」というメールが取材班に届きました。なるほど。ひとり外食というのは「喫茶店でも無理」な人から、「焼き肉、寿司店でも大丈夫」という人までいろいろです。お便りの主、木下佳子さん（61・東京都北区）はご興味がありそうだったので、ひとりご飯デビューにお誘いしました。

木下さんは2年前に病気でお連れ合いを亡くしておられました。3人のお子さんはそれぞれ家庭を持ち、別に暮らしています。

家族みんなで暮らしていたときは、家で食べることが多く、外食もだいたい誰かと一緒だったそうです。今、昼は出かけて人と話をしても、夜はひとり。たまに食べに行きたいと思うのですが、そもそも「ひとりだと、どこを見て食べたらいいのか」ということからわからないのだとか。

初めてでも、好きな食べ物やお酒がある店なら楽しめるかもしれません。以前は家族で酒屋を営んでいて日本酒が大好きという木下さんと店を決め、取材班の記者があとから合流することにしました。

平日の午後5時過ぎ、木下さんがひとりで入ったのは、東京・根津の日本酒バル&カフェ「坂ノ下ノオリゼ」。昼間はコーヒーやケーキを出すカフェで、夜はカウンターで日本酒を飲むひとり客が多いお店です。

木下さんは、おそるおそるカウンター席に座ると、かばんから手帳を取り出したそうです。「することがなくて間が持たないかもしれない」と、予定でも確認して時間をつぶそうと考えたからです。その感じ、ちょっとわかります。

メニューを見て秋田の辛口「山本」を注文しました。そして緊張して座っていると、「どちらからいらしたんですか」と、店長の下田一成さん(50)に声をかけられ、ほっとしました。地元のことを話しているうちに緊張が解け、日本酒の仕入れのことや、東京の造り酒屋について話がはずんだそうです。

1時間後に記者が合流したときは、木下さんは、マグロの刺し身と3杯目の「風の森」（奈良のお酒）、そしてカウンターごしのおしゃべりを楽しんでいました。デビュー戦とは思えないたたずまいでした。

ひとりご飯の楽しみ方は、大きく分けて2種類あると思います。ひとり静かに料理や空間を味わいたい人と、店員さんや他のお客さんとの交流を楽しみたい人と。木下さんは後者なので、混雑していない時間を選んで、下田さんとゆっくり話せたのもよかったようです。

下田さんも「ひとりの方ももちろん歓迎です。それぞれのスタイルで居心地よく過ごせるよう、スマホをいじっていたら声をかけたり、本を読んでいたら声をかけなかったりしています」とおっしゃいました。ひとりで行動する人の多い時代、お店の人もよく見て考えているわけです。

ひとりでは何種類も料理を頼めない、という難点もあるのですが、このお店には、だし巻き卵などのメニューにハーフサイズがありました。こうしたメニューがたくさんある店は、よいかもしれません。

また、焼き肉やしゃぶしゃぶなど、これまでひとりで行きにくかったジャンルでも、ひとり向けの店が増えています。

飲食店情報サイトを運営する「ぐるなび」が20〜60代の男女に行った調査では、ディナーに限ってみれば、女性の6割近くが、ひとりの外食に「抵抗あり」または「どちらかといえばあり」と答えています。理由は、「利用しづらい雰囲気がある」「相席が嫌い」「1人での利用が不安、何をしたら良いかわからない」「1人で食べている人がいない」「人に見られると恥ずかしい」などでした。

そんなハードルは、どうしたら越えられるのでしょうか。「ひとりディズニーランド」など、様々なことにひとりで挑戦して『ソロ活女子のススメ』(大和書房)を出版したライターの朝井麻由美さん(33)に、次のようなヒントをいただきました。
・誰かと一緒に行ったことがあるお店は、ひとりでも入りやすい。
・自分と似た客が集まるお店なら「浮いている?」と心配しなくていい。
・相席や人の視線が苦手ならランチタイムなどの混雑時を避ける。
・お店や料理を取材するフードライターになったつもりで行く。

百戦錬磨の朝井さんでも、やっぱり2度目の店は安心なのです。四つ目はちょっと変わった心構えですが、ひとりでいることについて自分なりの言い訳ができるし、そのつもりで行けば、人間観察を楽しめるのだとか。

「懐石料理やフレンチのコース料理など、今までひとりでは行かなかったお店に挑戦すると新しい発見があります」と朝井さん。「誰でも、ひとりでほっとする時間は大切です。ひとりで行ってみたいお店があるなら、気兼ねなく行けるほうが、豊かな人生になると思います」とおっしゃいました。

木下さんは、「機会があれば、ひとりでも外食できそうです。いつかコース料理にも挑戦してみたいです」とチャレンジを終えて笑顔でした。手応えアリのようです。楽しみが広がるきっかけになれば幸いです。木下さんの挑戦に教わったのは、冒険の先には、新しい世界が広がっているということでした。

バスツアーにひとりで参加してみたら

次は、ひとりレジャーの王様、ひとり旅です。私はすごく面倒くさがりで旅がちょっと苦手です。出かけるまでの準備を想像しただけでカンタンに気持ちが折れてしまいます。でも、挑戦はしてみたい。書店に並ぶひとり向けガイドをめくって、出無精でもイケそうなものを見つけました。バスツアーにひとりで参加するのです。集団に紛れ込む、ぬるめのひとり旅。エイヤッと出かけたら、いろいろ気づくことがありました。

7月。その日の東京は、午前9時の気温が32度でした。これから日帰りの「関越道湯めぐりツアー」（＊現在は運行していません）で、群馬、埼玉の3温泉に入ると思っただけで笑いがこみあげてくるような暑さでした。

でもバスツアーはすごく簡単でした。行き先の調整も交通手段の確認もなく、リュックひとつで冷房のきいた車両に乗り込むだけ。この日「はとバス」に乗った32人のうち、14人がひとり参加でした。

名古屋でひとり暮らしの女性公務員、牛《ぎゅう》ちゃん（52）は、前夜に西武ドームであったアイドルのライブを見て東京で1泊し「連休のあと1日を過ごすのにちょうどいい」と、このツアーに参加していました。「旅行は友達とも行きますけど、ひとりだと、寄り道とか、自由に動けていいんです」と。

そうそう。自分の思ったように動けるって、ありがたいことですよね。ずいぶん前に、女性記者ばかりでカニを食べるツアーに出かけたことがありました。さんざんカニをいただいた翌朝、サッサと次の行動に移りたい人と、まだ宿でだらだらしたい人がそれぞれ主張して、一瞬、その場が緊張感に包まれたのを思い出しました。あれは最初から「バラバラに行動する」を前提にしていたらよかったんだ、と今更ながら思います。

ツアーの話に戻ります。バスの中で超初級なのは私だけで、ひとり行動に慣れた人が多かったようです。サービスエリアで休憩するときは、ホットドッグの屋台に直進する人も、車内で本を読み続ける人も、「みんなどうするの？」と他人の動きや視線を気にする様子がまるでありません。マイペースで自分の行動を決めるのみ。つくづく自分は、何をするにも周囲を見まわしているのだと気づきました。

ひとり参加といっても、シングルばかりではありません。東京都三鷹市の薬剤師、山浦裕美子さん（59）は、夫と成人したお子さん2人の4人家族なのですが、「日ごろの気晴らしにはひとりが気楽」と話されました。伊香保温泉街の石段をゆっくり歩きながら、アユの塩焼き（串）をおいしそうにかじっていました。

ほかの人たちとつかず離れず過ごしているうちに、ゆったりと時間が流れていきます。お風呂から出てすぐ汗が噴き出すような猛暑日でしたが、3か所目の埼玉県小川町の温泉施設に着くころには日が少しかげっていました。ひとりぼんやり露天風呂につかりながら、「ああ、いい風ですね」と、声をかけられるツアー仲間がいたのは、私にはありがたい気がしました。

はとバスによると、ツアー全般ではひとり参加は少数派だそうですが、「温泉三昧」「工場見学」など、テーマがハッキリしたコースは「ひとり派」に人気があるようでした。

「全員ひとり参加」というツアーを用意する旅行会社も増えています。

「クラブツーリズム」が客の要望を受けて「ひとり限定ツアー」を始めたのは、199

７年です。宿は1人1室、バスは1人で2席の場合が多く、料金は少し割高になりますが、当初２０００人程度だった参加者は、２０１７年には5万２０００人に増えました。50～70代の女性が多いようです。

やはり「香川・小豆島で自分だけのオリーブオイルを作る」「青森でイタコの口寄せ体験」など個性的なツアーはすぐいっぱいになるのだとか。国内旅行の企画を担当する福島直子さん（39）は、「ひとりで参加される方は、自分だけの趣味を追求したいという志向が強いように思います」と教えてくださいました。確かに、ひとりのほうが関心があるテーマに集中できそうです。私も周りを見回していないで、迷わず「これがスキ」と言える人になりたいと思いました。

川崎市の深谷すづ子さん（74）は、２か月に1回程度こうしたひとり参加のツアーを利用するそうです。亡くなったお連れ合いとも一緒によく出かけたという旅好きですが、友達と行こうとすると「そこは行ったことがある」「その日はだめ」と調整が難しいのです。「でも、ひとりだと不安だし、わからないことも多いからツアーがいいです」とおっしゃいました。

今はみんな忙しいですから、予定を合わせるだけでも一苦労です。そういう意味では、ひとりの自由さと、だれかいる安心感を両立させたひとり参加ツアーって、なかなかよいように思いました。

ＪＴＢが17年に行ったウェブアンケート（有効回答約２８００）の結果によると、仕事以外でひとり旅をしたことがある人の割合は60％でした。

「どういうときにひとり旅をしたいか」は、「リフレッシュしたい」（36％）が最も多く、「趣味を満喫したい」（21％）、「未知の場所を見たい」（13％）が続きます。ちなみに、選択肢には「失恋した」もあったのですが、０％でした。今どき失恋してひとり旅に出たりはしないのかもしれません（昔は本当にあったのでしょうか、そういう失恋旅行は……）。

「ソロキャンプ」は大人気

次は、大人気の「ソロキャンプ」です。ひとりで野外で過ごすというだけでなく、ちょっと変わったスタイルもあると聞いて、取材班の記者が６月末の土曜日、名古屋市の浜田綾野さん（37）と、岐阜県恵那市の「望郷の森キャンプ場」で合流しました。

ウェディング関係の仕事をしている浜田さんは「仕事を忘れ、何もしないぜいたくを味わえる」と、2年前からソロキャンプにはまっているそうです。「家にいるとパソコンもＷｉ‐Ｆｉもあってつい仕事のことを考えてしまいます。でも、旅行に行くと『観光しなくちゃ！』って思ってしまう。だから必要最低限の道具だけ持ってキャンプ場に行くんです」とおっしゃいました。

でも、この日は男性2人が一緒でした。「ソロ」、ではないのでしょうか。

「女性ひとりで野外に泊まるのは危ないので、私は、それぞれがソロキャンプを楽しむ『グループソロキャンプ』をします」と浜田さん。おふたりとはキャンプのイベントで知り合い、たびたび一緒にソロキャンプを楽しんでいるそうです。

複数でやるキャンプとどう違うんだろう……と思いながら見学を続けます。

まずテント設営に取りかかった浜田さん。力仕事をイメージしていましたが、「ソロ用に売っているものは軽くてコンパクトで、作りもシンプル。慣れたら女性ひとりでも簡単に組み立てられますよ」と。浜田さんは20分足らずで張り終えました。

中は2・5畳ほどの広さがあり、風通しもよさそう。エスニック風のラグを敷くとくつろげる感じに。キャンプ用品は友人に聞いたり、雑誌を見たり、SNSなどの評判も参考にしたりしてそろえるそうです。

お昼どき。「見た目がかわいいほうが気分も上がりますよね」と言いながら、猫の形のパンに、コンビニで買ったたまごサラダとチーズを挟んでホットサンドを作りました。

そういえば、ほかの2人は——と見ると、テントを5メートルほどの間隔をおいて設営し、それぞれカップラーメンとコンビニの中華そばをすすっていました。このうちのひとり、アウトドア用品販売店で働く高村瑛一さん(24)にもソロキャンプの魅力を尋ねてみました。

「『楽』なところです。何を食べても何時に寝ても、夜中にトイレに行こうが、誰にも文句を言われない。普段は家族や職場の集団生活で気疲れしているんでしょうね」

休日くらいひとりになりたいっていうのは、すごくわかります。では、本当にひとりきりのソロキャンプはしないのでしょうか。

「そうするときもありますが、おすすめの道具やキャンプ場について仲間と情報交換するのもいいですよ」

写真を撮るのが趣味だという浜田さん。キャンプ場の管理人にフォトスポットを教えてもらい、２人と一緒に山頂に行きました。山頂からの景色や、ふざけてポーズをとる仲間を撮影。３人でしゃべりながら1時間ほど周辺を散策していました。

そうやって「グループ」だったかと思うと、キャンプ場に戻ったとたん、それぞれのテントでまた「ソロ」の時間に切り替わります。漫画を読んだり、昼寝したり、音楽を聴いたり……。

日が暮れると、また3人一緒にたき火を囲みました。談笑する様子は、ソロキャンプではないようにも見えますが、ソーセージを焼いたり、撮影した写真を見返したり、それぞれが好きなことをして過ごしています。ひとりじゃないけど、ひとりでもある、みたいな不思議な居心地です。

晴れた日は満天の星が見えるそうですが、この日はあいにくの曇り空でした。浜田さんはキャンプ場のシャワー室で汗を流し、寝袋に入るとすぐに眠りについたようです。

誰かと同じテントで眠るのは窮屈でも、森の中では、完全な静けさよりも、仲間の気配がかすかに感じられるほうがリラックスできるのかもしれない、と思いました。記者はここで退散しましたが、翌日は朝日で目覚め、自由解散でキャンプは終わったそうです。「誰かに気を使ったり、世話を焼いたりする必要はありません。ひとりに飽きたら集まって、疲れたらひとりに戻って、それぞれが自己責任で楽しむ。グループソロキャンプはその距離感が心地いいんです」と浜田さんは話されました。みんなとの賑《にぎ》わいも、ひとりの自由も、バランス良く楽しめる、ぜいたくな遊びだと感じました。

ずっとみんなといると気を使って疲れるし、ずっとひとりは、ふと物足りなさを感じます。だから、今は多くの人が、上手にひとり時間を取り入れています。よくよく考えたら、「ひとりで」か「みんなと」かは単純な2択ではなくて、「だいたい家族と一緒だけどたまにひとりになる」とか「いつもひとりだけど、月に1回趣味の仲間と」とか、あり方には無限のグラデーションがあることに気づきました。

ここで、ソロキャンプについて、専門家おふたりにうかがったアドバイスをご紹介しておきましょう。

日本単独野営協会代表理事　小山仁さん

「目的地の天気予報を把握するのはもちろん、過去に土石流が起きたことがないかも確認します。山中では急に天候が変わるので、土砂災害が起きやすい谷間や崖の近くを避け、川からも少し距離を置く。草木が折れて石が変色している川辺は、降雨ですぐ水が迫る可能性があります。助けを呼べるように電波の届く場所を選びましょう。

ひとりで命を守る適時適切な行動をとるためには、知識が必要です。『川に枯れ葉がやたらと流れてきたら、上流が大雨かもしれない』といった具合に、変化に敏感に反応できるようにしたいですね。

『備えすぎ』はありません。不安を感じたらすぐ撤収。自然の前では誰もが無力、と肝に銘じてキャンプを楽しむ。水分補給も忘れずにこまめにしてください」

キャンプコーディネーター　こいしゆうかさん

「ここ1、2年で女性ソロキャンパーが増えました。アウトドア好きの女子高生が仲間と『ゆるく』キャンプを楽しむ様子を描いた人気漫画『ゆるキャン△』や、キャンプの様子を発信する女性ユーチューバーの影響でしょう。

10年ほど前は、女性ひとりだとキャンプ場に利用を断られたこともありましたが、今は女性用トイレやシャワー室があるところも増えました。道具の軽量化、コンパクト化が進み、都心では、キャリーケースに荷物を入れて電車でキャンプに行く人もいます。注意も必要です。SNSで『今、ここでキャンプしています』と発信するのは危険です。最初は整備されたキャンプ場で、ソロキャンプ仲間と一緒に始めるのがいいでしょう」


歌わない「ひとりカラオケボックス」もあり

最後に、ひとりカラオケも押さえておきましょう。本当にひとりっきりになりたいとき、カラオケボックスは強い味方です。近ごろは歌以外の目的で利用する人もいるようです。

「青色の乗車位置、7番から24番でお待ちください」

愛知県西尾市の会社員乾あずささん（28）が流れるように構内アナウンスを読み上げると、大型スクリーンに映し出された名古屋鉄道の名鉄名古屋駅のホームに「ファーン」と警笛を鳴らしヘッドライトをつけた列車が入ってきました。

名古屋市熱田区のカラオケ店「ＪＯＹ　ＳＯＵＮＤ（ジョイサウンド）金山店」の特設ルームです。アナウンスを体験できる「鉄道カラオケ」には、あちこちの鉄道会社のバージョンがありますが、名鉄５７００系の運転席を再現した特設ルームはここだけなのです。実際に使われていた行き先表示板なども掲げてあり、週末は予約でいっぱいになるそうです。

乾さんは、幼いころから鉄道車両を見るのも、乗るのも大好きで、中でもいつも乗る名鉄は特別です。初めて入ったこの部屋で、運転席には「畏れ多くて」座れずに、立ったままマイクを握りしめていました。

「自分の世界に浸れるのがいいですね。みんなで来て『鉄道カラオケ』もいいんですけど、この空間を独り占めできるのは幸せです」

ひとりのパラダイスです。

名古屋市の会社員女性（27）は、カラオケボックスにバイオリンを弾きに来ます。学生時代にオーケストラに所属し、今でも仕事で疲れたときなどにひとりで弾きたくなりますが、周囲を気にせず大きな音を出せる場所はそうそうありません。音楽スタジオもありますが、カラオケボックスは安いのです。

「バイオリンを持って『練習に来ました』という顔をしていれば、全く恥ずかしくはありません」と話されました。

音すら出さない活動もあります。

「ビッグエコー」は、通常のカラオケルームを仕事場として提供する「オフィスボックス」を展開しています。

移動の車内やカフェでパソコンを広げて仕事する人もよく見かけますが、パソコンの画面や書類を他人に見られるのが心配です。個室内で気兼ねなく資料を広げられるというので好評なのだそうです（もはやレジャーではありませんが……）。

外回りの途中に利用した会社員男性（35）は、「喫茶店だと人の話し声が気になるし、漫画喫茶だと仕事をサボっているような気分になります。カラオケボックスで仕事するという発想はこれまでなかったのですが、人目を気にせずひとりで落ち着けます」と話していました。

利用者に話を聞いていると、いろんな理由でひとりになりに来る人がいることに気づきます。現代の風俗文化を研究する龍谷大社会学部の工藤保則教授（52）は、こう解説してくださいました。

「ＳＮＳが普及して、現代人は誰かと常につながっています。だから、ひとりになってほっとする空間を求めるんだと思います。特に、『周りの人に合わせなければ』という意識が強い若者には、みんなで歌ってストレス発散という昔ながらのカラオケの楽しみ方が、逆にストレスになります」

ああ、まさに『おひとりさま専用Ｗａｌｋｅｒ』の中村茉依さんもそう、話していらっしゃいました。

ひとりでカラオケボックスに来る人たちを取材したヤマシタ君によると、たまたまかもしれませんが、ふだんは人に囲まれていそうな人が多い気がしたとか。あえて、ひとりに。カラオケボックスはそんな願いをかなえる場にもなっているようでした。周囲を気にせずひとりで好きなように過ごせる場所って、案外少ないのかもしれません。

そして２０２０年、ひとりで過ごすスキルは、いつになく注目されることになります。新型コロナウイルスが広がり、人と距離を取ることが求められるようになったからです。

第八章　自粛する

コロナでもＯＫの「ひとり遊び」

「防災の日」の章で書きましたが、ひとりでいると、災害に遭ったり、病気になったりしたときに、すぐ助けてくれる家族がいません。そこはまぎれもなく弱点です。一方で、新型コロナウイルスが広がってソーシャルディスタンス（社会的距離）を取ることを求められる中、ひとりに慣れていることは、若干の強みにもなった気がします。

ウイルス感染を気にしなくてすむ「ひとり遊び」を募ったところ、読者のみなさんから70通ほどのアイデアが届きました。その多くは、特別な遊びというわけではないのですが、はまってみれば個性的で豊かな時間が流れ出すようです。ご紹介します（ご家族アリの方からのご投稿も含んでいます）。

まず、部屋の中の楽しみから。

埼玉県の女性（51）は「週末の喫茶店通いができないので『おうちカフェ』です。スリランカの紅茶ブランド『ディルマ』のハーブティーをお気に入りのカップに注いで新聞を広げるのが至福のひとときです」と書いてくださいました。

東京都の松本茜さんは夜、米軍ラジオＡＦＮをかけながらワインを楽しむそうです。「私の好みの甘口の白ワイン（１０００円弱のもの）を2種類買い、少しずつ飲み比べます。ニュースもＣＭも英語なので、少しだけ海外にいる気分になれます」。実は私、最近たまにこれをまねしています。下戸なのでお茶ですけど。

兵庫県の女性（54）はスマホで好きな音楽を聴きながら一緒に歌う「どこでもカラオケ」が活力のもとです。「踊ったり、ストレッチのようなことをしたり。気分はすっきりするし、家事もはかどります」。この女性はここ数年車いすで生活しておいでの方で、数か月後、「ひとりでスマホの音楽をかけて、気分転換に歌ったり踊ったり、リズム体操みたいにしたのが良かったのか、最近支えがあれば歩けるようになりました（笑）。コロナ自粛も悪いことばかりじゃないですね」という便りもいただきました。すばらしいです。

何かを作るのは、趣味の王道でしょう。和歌山県のKさん（52）は、マスクと、バネ口を使ったマスク入れを縫ったそうです。「マスクは、表も裏もガーゼにすると毎日の洗濯で縮みやすそうなので、表は普通の布、裏をガーゼにするのがいいみたいです」

そして、何人もの80代女性から「お手玉をします」という便りが届いたので驚きました。そういえば、うちの母（96）もお手玉がめちゃめちゃうまいです。少女時代に夢中になった楽しみが今も心をなごませている、ということに感銘を受けます。栃木県の大月寿美子さん（84）は、やっているうちに古いお手玉が傷んでしまい、新しいのを縫ったそうです。「小豆がなかったので大豆を入れました。お手玉3個を、15回落とさず続けて投げるのが目標です」と書いておいででした。

大阪府の和田由紀子さん（44）からは「いくつかの古い植木鉢の土をふるいにかけ、再生材とあわせてよみがえらせてランを植え替えました。今年は咲かなかったのですが、来年は咲くといいなと思います」というメールが。世界中の人間がコロナに右往左往している間にも、季節だけは着実に変わっていきますね。

外出の機会が減っても、運動の方法はあります。みなさん、すごくユニークです。秋田県の高橋梅谷《うめや》さん（74）は「家の廊下と塗り壁を使って、自己流『ひとりピンポン』をしています。音もいいし、気持ちいいですよ」とはがきをくださいました。

高橋さんはかつてバスケットボールや社交ダンスをしていたそうですが、今は膝も腰も痛い。コルセットでガードして、兄の遺品のヨハン・シュトラウスのCDをかけ、家の中のモノをまたぎながらワルツのステップを踏むこともあるそうです。なんたる自由でしょうか。でも、家の中なんですから、好きに過ごしてよいのです。見習いたいです。

「散歩」という投稿は多かったのですが、スタイルは多様でした。

埼玉県の佐藤英一さん（70）は音楽を聴きながら歩きます。「思い入れのある曲は、ビリー・ボーン楽団の『峠の幌《ほろ》馬車』です。初めてレコードを買い、わくわくしながら帰った曲です」。大阪府の女性（59）は「ひとりでは続かないと思いますが、犬がいるので散歩が日課になってます」。富山県のＦＫさん（54）は「晴れた日は立山連峰を見ながらのウォーキング」という、うらやましい環境です。写真で、景色のお裾分けもいただきました。

そして、東京都の永久繁子さん（88）からのファクスです。「ひとり旅はコロナ騒ぎで足止め中。というわけで、次なるプランは青森県で、３泊４日で、あれこれ欲が出て五所川原に泊まって、金木にも五能線も……と、時刻表を相手に集中して遊んでしまいました」。ひとり遊びの一番の味方は、想像力かもしれません。

ほかのアイデアも一気にご紹介します（載せきれなかったみなさん、すみません）。

▽パズル誌を月５冊ほどやります（群馬　男性　63）

▽ジグソーパズル。ピースがはまる快感がクセになります（東京　沢地由起子さん　45）

▽年賀状をめくりながら「どうしてるかな」と思う人にはがきを出します（香川　三

谷常子さん　75）
▽インスタグラムに植物や猫の写真を投稿。フォロワーの方とのやりとりも楽しみです（群馬　清水加奈子さん　49）
▽フィリピン・セブ島の先生とオンライン英会話です（兵庫　原美幸さん　55）
▽俳句です。卓球仲間も俳句を始めたのでＬＩＮＥで添削しています（兵庫　畑田ほずみさん　71）
▽新聞のインタビュー記事を見て歴史人口学者エマニュエル・トッドさんの本を読んでいます（東京　初田郁子さん）
▽読書。益田ミリさんの『週末、森で』は森の気分が味わえます（神奈川　青木七波さん　46）
▽電子楽器のライブが中止に。カラオケ音源で練習しています（岡山　武田享子＝ＥＷＩ奏者リリー＝さん　48）
▽家でハーモニカを吹きます（千葉　西村千代子さん　81）
▽マンションの集会所で声楽の「ＭＹリサイタル」。録音を聞いて「ひとり反省会」

も（東京　もっちんさん　57）

▽沢村貞子さんが書いた『わたしの献立日記』に出てくる「まぜずし」を作りました。市販の酢を使いましたが、おいしかった（新潟　大橋章子さん　52）

▽「ビリーズブートキャンプ」。10分でダウンしました（兵庫　女性　47）

▽リハビリ代わりに、廊下で柔らかいボールを蹴っています（香川　山内康江さん　83）

▽グーパー体操。親指を中に入れて両手でグーパー、次は親指を外に出してグーパー。さらに左の親指を中に、右の親指を外にグーパー……（東京　宮野つぎよさん　75）

▽夜早い時間に、月や星を見ながら散歩します（大阪　田岡幸代さん　69）

▽災害避難所を目指し、危険箇所はないかと考え歩きます（東京　鎌倉恵子さん　72）

▽近くに野鳥の森と荒川の土手があり散歩をします（埼玉　飯村康夫さん　59）

▽自然を撮影し、今は撮りためた写真の整理をしています（神奈川　男性　71）

▽洗濯物をたたむときに時間を計り、記録更新を目指します（兵庫　戸高麻美さん　46）

▽築50年の家の床を磨きます（群馬　小沢幸恵さん　76）
▽片付け。夜な夜な物を捨てています（奈良　久美子さん　51）
▽ドラマ三昧。佐藤健くんは免疫力が上がります（群馬　南雲俊江さん　60）
▽アプリでピアノを練習します（広島　Ｔｏｓｈｉさん）
▽部屋の中を春バージョンにします（大分　女性　66）
▽ひなたぼっこで新聞を読みます（大阪　貝戸治子さん　70）
▽夏野菜の土作りをします（埼玉　ｊｕｎｋｏさん　56）
▽天気が良い日はとにかく散歩（東京　男性　72）
▽20年来、友人と朝8時に電話をかけあっています（神奈川　木村サダ子さん　82）
▽いらない紙をクシャクシャにして、折ったり、とがらせたり、好きな形にします。色鉛筆やクレヨンで線を描き「小惑星」や「山」などタイトルをつけます（東京　島田美穂子さん　52）
▽たまった紙袋の、特にひもが丈夫で捨てるのがもったいないので、ひもを集めて組みひもを作りました（宮城　男性　68）

日ごろ読者のみなさんからは「ひとりの時間をどうしたら楽しく充実させられるか」という趣旨のお便りがよく届きます。隣のシングルが何をしているのか、案外みんな知りません。何か特別なことを楽しんでいるんじゃないかと思ったりもするのですが、結局、たとえ平凡でも自分の好きなことをして過ごすのが、ひとりの極意ではないかと、みなさんの楽しげなお便りを読みながら考えました。

自炊で満ち足りるワザ

さて、家で過ごす時間が長くなって、幅広く注目された活動が「料理」です。おひとりで楽しんでいらっしゃるシングルを2人、ご紹介しましょう。

「得意料理はチキンソテーとふろふきダイコンです」と、山口県宇部市の医師、西田輝夫さん(73)はおっしゃいました。チキンはローズマリーやバジルなどの香草を利かせて、オリーブ油で皮をぱりぱりに焼きます。硬くならないよう、ひっくり返したら蓋をして蒸し焼きに。ふろふきダイコンの肉みそも自分で作るそうです。

でも、長年の料理男子というわけではなく、始めたのは、２０１５年にお連れ合いに先立たれてからでした。

西田さんは大学病院に勤める眼科医として仕事に没頭していて、家の中のことはすべて妻が担っていました。医師だった妻は結婚後家庭に入り、西田さんが家事を手伝おうとしても「仕事があるでしょ」と、させなかったそうです。「妻にとっては、私が仕事に集中できるようにすることが仕事だったんだと思います」と西田さんは考えています。

誇りを持って家のことをしていた妻への敬意もあり、自分も料理を頑張ってみようと思ったそうです。

闘病中だった妻に料理の基本を教わってはいましたが、実際に自分でするのは容易ではありません。「見て勉強したからといって、すぐ手術ができるようにはならないのと同じですよね」。お医者さんらしいたとえです。

牛肉や豚肉にはたくさんの部位があり、どれを使ったらいいのか。この魚は焼くのがいいのか煮るのがいいのか。失敗を繰り返し、病院スタッフや患者さんにも教えてもらいながら、少しずつ身につけてきました。

最初は、食卓に何品も並べようとしたり、カレーをスパイスから作ったり手の込んだことを試みました。でも、それだと続きません。

肉か魚の料理に湯がいた野菜を添える一皿と、汁物とご飯。そういうスタイルに落ち着きました。「自分が満足できることが大切だと考えるようになりました。味付けも量も自分好みにしています」とおっしゃいます。

ひとりになって4年以上が過ぎて、料理は日々のルーチンになりました。作るのは週3、4日。面倒になってもコンビニ弁当は買わないと決めています。「毎日それになってしまいそうで」

何をしても褒めてくれる人がいないのが、ひとり暮らしですが、「料理は『きょうも上手にできた』と自分を乗せることができます。楽しもうとする心が大切だなと思っています」と西田さん。食卓に飾ってある妻の写真に「うまそうにできたぞ」と話しかけてから食べ始めます。

ひとりになって、誰かと食べる食事のおいしさにも気づいたそうです。「B級グルメでも、大学時代の教え子たちと食べると格別なんですよ」。新型コロナウイルスの感染拡大で、そんな外出も減り、今はテレビで見た料理などに挑戦しているそうです。

もともと料理が好きで、という方もいらっしゃいます。兵庫県の会社員、安永成美さん（30）は就職してひとり暮らしを始め、仕事に慣れたころから、食材も味付けも自分の好きに作れる「ひとりの料理」に凝り始めました。

週に2、3回料理をして、1度に2日分ぐらいの作り置きをします。「質素な素材で満足できる味に」がこだわりポイントで、食材は月に1万円以内と決めています。

そして日々の料理の写真を、画像を共有する「インスタグラム」に投稿しています。1500人以上のフォロワーがいて、たくさんコメントがつきます。「初めは食べたものを記録するためでしたが、今は反応を励みにしています。感想に飢えてますからね」。友人に料理をふるまうときも、つい感想を求めてしまうそうです。

台所のしつらえにもこだわりがあります。シンク下の扉などに100円均一の店で買ったシールを並べて貼り、調味料を置く棚を自作し、キッチンをカフェの厨房《ちゅうぼう》風に改装しました。「何事も凝り性なので、自分でもどこに向かっているのか、もうわかりません」と、笑っていらっしゃいました。とても楽しそうです。

健康食品会社フォーデイズの「食の研究会」が2017年、20～60代のひとり暮らしの男女（1030人）から回答を得たインターネット調査では、39・5％がほぼ毎日自炊をしていました。全くしない人は7・4％でした。

毎日しない人の理由（複数回答）は、「面倒」（64・4％）「時間がない」（35・6％）「食材を無駄にしてしまう」（30・8％）などでした。私も全部思い当たります。

1日に2回以上、主食、主菜、副菜がそろった食事をする日が週のうち「ほとんどない」人は36・9％。自炊する人はそれなりにいるようですが、簡単に済ませる人も多そうです。

ご紹介したおふたりは、ひとりの食事ではありつつも、亡き妻や大勢のフォロワーさんたちと、食の喜びを分かち合っているように見えました。安永さんは、自炊生活について「ひとりで作って食べるというと寂しい感じがしますが……」とおっしゃいました。

いまひとりでいる人も、多くはどこかの時点までは家族で暮らし、家族で食卓を囲んだ記憶があるのだと思います。そのせいもあるのでしょうか、「家庭料理」という言葉の温かみに対して、「自分のために飯を炊く」営みに、私たちは、ちょっと寂しげなイメージを持ちすぎている気がするのです。

食事を用意して食べるのは生活の根幹です。自分が満足するための食事を自分で作って食べるぜいたくをどんどんしたらいいと思います。「食の研究会」の同じ調査で「食事は誰かと一緒に食べたい」と思う人と、そう思わない人は同じぐらいいました。自炊で人知れず満ち足りている人は、たくさんいるように思います。

「声の出し方を忘れそう」なときに

ひとり自粛生活の落とし穴っぽいお話をひとつ。

朝、私はいつも同じコーヒーショップに行きます。そこでマイボトルを差し出して「お願いします」というのが、その日の第一声です。よく声が裏返ったり、かすれたりします。「ひとり暮らしだから、声の出し方を忘れそう」と言うと、若い店員さんが「私もですよー」となぐさめてくれました。ひとりの自粛生活で盲点になりがちなのが

「声を出さない」問題です。

新型コロナウイルス感染が広がる中で、読者のみなさんに「感染が気にならないひとり遊び」を募集したとき、「朗読をする」という方がおふたりいらっしゃいました。これは、かなりよいかもしれません。

神奈川県の青木七波さん(46)は、芥川龍之介の「ピアノ」を図書館で借り、「文章がきれいなので、何となく声に出して読んでみました」と書いておいででした。「読んだら気分がすっきりした感じがしました。ちょっと疲れましたけど(笑)」。普段は小学校の図書ボランティアとして、子供たちに読み聞かせをしている方です。バランスボールを椅子代わりにして読んだら「背筋が伸び、声も出やすい気がします」とおっしゃいました。

同県の女性(67)は「外出できないと、何日も会話することがない事に気づいて愕然《がくぜん》とし、家事をしながら歌ったり、新聞記事を音読したりしています」と書いていました。朝起きたあと、軽く体操して朝食をとります。掃除洗濯などを終えたらソファに浅く座り、意識して口を大きく動かして朗読をします。読むのは社説、書評の「本よみうり堂」、ニュースで英語を学ぶ「えいご工房」など、普段から関心のある記事です。

どうして新聞ですか、と尋ねたら、「小説はストーリーに関心が向いてしまうので」と。新聞記事にそんな使い道があるとは思いませんでした。

テレワークなどで、家でひとりで過ごし、誰とも話さない時間が延びました。声を出さないと、どういう問題が起きるのか。『声の専門医だから知っている　声筋《こえきん》のすごい力』（ワニブックス）を出版した山王病院国際医療福祉大学東京ボイスセンター長の渡邊雄介医師にお聞きしました。

まず、声は、どのような仕組みで出るのでしょうか。

「のどにある左右一対の小さな筋肉『声帯』が、ぴったり合わさって閉じ、その間を空気が通り抜けることで振動して起きる音が、声になります」

そしてその声帯は、左右それぞれ五つの筋肉とつながっているそうです。渡邊医師が「声筋」と呼ぶ筋肉です。長期間声を出さないと衰えて声が出にくくなります。その影響は、声だけではないようです。

「人間が力むためには声帯を閉じることが大事です。たとえばまっすぐ立っているためには、肺を風船のように空気をためて張った状態にする必要があります。声帯が栓になるのですが、声筋が衰えると空気が抜ける。体に力が入らず、よろけやすくなるのです」

また、食べ物をのみ込む際、気道に入らないよう蓋をするのも声帯の役割です。ここが緩むと、高齢者に多い誤嚥《ごえん》性《せい》肺炎のリスクも高まるといいます。渡邊医師はこんなアドバイスをくださいました。

「高齢者は一度衰えると戻すのが難しいので、毎日、朗読することは予防に役立ちます。立って、背筋を伸ばして読むのがよいでしょう。高い声と低い声では別の筋肉を使うので、抑揚をつけて読むとバランスよく鍛えられます。たとえば小説の会話の部分をお芝居のように読んだりするとよいのでは」

さっそく朗読をしてみようと思ったとき、手頃なテキストがない。どんなふうに読めばいいのかわからない。そんな人は、「青空朗読」のウェブサイト（https://aozoraroudoku.jp/）を見てみてはいかがでしょうか。

著作権保護期間が切れた文学作品などを無料公開する電子図書館「青空文庫」

（https://www.aozora.gr.jp/）に収録された作品の一部を、プロのアナウンサーたちが朗読。約６００点が公開されています。

代表理事の谷岡理香・東海大教授もアナウンサー出身です。谷岡教授が「朗読に耳を傾けて、人の声の豊かさを味わう時間を過ごしてほしい」とおっしゃるように、本来は聴くためのサイトです。でも、お手本にもちょうどいい。作品名、作家名のほか、収録時間でも検索できます。「短いものは小川未明など昔の作家の童話が中心ですが、子供向けでも深い内容の作品があり、文学の力を感じます」

収録作品は青空文庫で全文を見られるので、参照しながら聴けば、読み方の参考になります。

谷岡教授は「青空朗読をまねるなり、俳優さんになりきるなり、ご自身で好きなように読むのがいいと思います。アナウンサーでも家族の前で朗読するのは恥ずかしいものです。ひとり暮らしの方は、誰にも聞かれないのだから、思い切って楽しむとよいのではないでしょうか」と話されました。声を出してもひとりだと誰にも聞かれない――。「咳をしても一人」（尾崎放哉）みたいで少しもの悲しいのですが、時にはそれが利点にもなるようです。

古典を朗読すれば、偉大な先人の心も乗り移る！

そして朗読用テキストといえば「声に出して読みたい日本語」が有名です。著者の齋藤孝・明治大教授（教育学）は、「朗読は、孤独な環境でも楽しめる学び方です。偉大な先人が文章に込めた精神に触れることができます。声に出して読めば、それが自分の体に乗り移ってきます」とおっしゃいます。

新型コロナウイルスのためになかなか先が見通せない今、何を読むのがふさわしいか、齋藤教授はこう話されました。

「はからずも時間ができて、自分たちの世界を見直す機会でもあります。足元をしっかり見つめ直すという意味でも、古典を朗読してみるとよいでしょう。例えば『源氏物語』。全文は無理でも、ちょっと読むだけでも雰囲気がつかめる。黙読よりも、作者が書いたときの感覚に近づけるはずです」

そして、齋藤教授が勧める読み方は「1分朗読」です。「とりあえず1分を単位に読んでみる、と決めれば心理的なハードルが下がります」。冒頭から始めなくてもよいそうです。「名場面を抜き出して読んでみる。『平家物語』なら那須与一や敦盛の最期など。合戦の部分などは盛り上がると思いますよ」

このほか、一人称の文体が歯切れ良い夏目漱石『坊っちゃん』、文章が上手で著者の思想のエッセンスを味わえる福沢諭吉『学問のすすめ』なども挙げてくださいました。

古典……ですよね。この朗読の項の取材を担当した編集委員のカタヤマさんは、高校の漢文の授業で習った『史記』の「項羽本紀」が思い出深いそうです。「書き下し文で全文読みました。リズム感が心地よく、『四面楚歌《しめんそか》』という言葉の元になった場面などは今も覚えています」と話していました。私は、大学時代に近世文学の講読でふれた「金平《きんぴら》浄瑠璃」が大好きでした。やはり合戦の場面のリズムとスピード感がよいのです。あと、東京暮らしが長くなってきて忘れそうな大阪の間合いを思い出す、織田作之助の『夫婦善哉《めおとぜんざい》』。久しぶりに引っ張り出して朗読したくなりました。

第九章　定年退職

ひとりで定年を迎えた先輩方　いかがお暮らしですか

この章あたりからは、私自身も未体験のゾーンに入ってまいります。遠いと思っていた60歳の定年まで、あと5年とちょっとになりました。私は1989年（平成元年）に就職した、いわゆるバブル入社組です。昨年、退職前世代向けのセミナーを受講しました。でも、話の前提がすべて「夫婦の老後」だったので、あまり参考になりませんでした。

２０１５年の国勢調査の結果を見てみました。当時の私と同じ「49歳女性」の、15％が未婚でした。死別、離別の人を会わせると4人に1人は配偶者がいない計算です。ちなみに同い年の男性は3割が配偶者なし。年を経て割合は変わっていくとは思いますが、ひとりでリタイアの年を迎えるというのは、少なからぬ勤め人が直面する事態になるのではないでしょうか。

ということで、ひとりで定年を迎えた先輩方に、お話を聞いてみました。どんなふうに、お暮らしでしょうか——。

東京都のF子さん（61）は１９８０年に短大を卒業して、信用金庫に就職されました。当時の同期女性の間にはまだ「定年まで働く」雰囲気はなく、結婚退職した人が多かったそうです。仕事は窓口での接客や営業事務など。残業もこなし、生活の80％を仕事が占めるぐらい一生懸命働きました。

「退職後のことはそれほど考えていませんでした。自分ひとりだったら、なんとかなるだろうと」

そして2019年に定年を迎えられました。半年間は再雇用されて働きましたが、少し人間関係のこともあって40年勤めた信用金庫を辞め、再就職先を探しました。「収入がなくなるのは心配だったし、社会から取り残される感じがしたので」。事務職の求人は少なくて、パソコンなどを学び直したうえで、経験が生かせる勤め先を見つけたそうです。1年ごとの契約社員で、いくらか比率は下がったとはいえ、今も仕事中心の生活を送っていらっしゃいます。さらに資格を取るべく勉強も。「定年のときは、早く辞めたいと思ったのですが、離れてみると、一人一人の気心が知れた、いい職場だったと思います」

お話しぶりから、ずいぶん頑張って働いてこられたんだな、ということが想像できました。私は退職するとき、さあ、どんな感慨を抱くんだろうか、などと考えました。

総務省の「労働力調査」によると、60〜64歳の約7割が働いています。勤めていた会社や関連会社に再雇用される人も多く、東京都のG男さん(61)もそのひとりです。勤務していた信託銀行の関連会社で再雇用され、現役時代とそれほど変わらない毎日を送っています。恐らく65歳まではそこで働くことになる、とのこと。それでも収入は減ったので、「余計なものを手放す」のが近ごろのテーマになりました。保険料などを見直し、家の中の不用なものを処分し始めました。それから、年を取るにつれて病院通いが増えて、食事や歩数計の数字には気をつけているそうです。

G男さんには、若いころからずっと続いている趣味があります。歌舞伎鑑賞です。その仲間たちがいるのに加え、50代後半からは学生時代の同窓会も増えて旧交も復活したとのこと。「これからも現有のネットワークを大事にしたい」とおっしゃいました。

G男さんほど長年の趣味がなくても「退職したあとはこれを楽しもう」と50代から考え始める人は多そうです。でも、思わぬことが起きて、ままならないこともあるようです。

山形県の自治体職員だったH子さん（61）は、管理職としてストレスも多かったため「とにかく定年までは頑張ろう」と思って勤め上げた後は、再任用を辞退しました。それでも何か手伝える仕事はあるだろうと考えていましたが、H子さんの退職を待っていたように、元気だったお母さんが倒れてしまいました。ほかのごきょうだいは所帯を持っていて、お母さんもH子さんに期待をされたので、実家に住み込んで介護をすることになりました。定年後に楽しもうと思っていた山歩きや旅行は、お預けになりました。その一方で、お母さんがしていた畑の世話が、思いがけずいい息抜きになっているそうです。畑にプレハブ小屋を建て、そこでお昼ご飯を食べられるようにしようと計画中です。

退職を機に「なんとかしてパートナーを見つけたい」

退職を機に、自分は本当にずっとひとりなのか、とあらためて自問する方もいらっしゃるようでした。

大阪府内の市役所に勤めていたI男さん（61）も60歳でリタイアされました。年金が出るまでは、退職金を使いながらの暮らしです。現役時代は仕事もお酒のつきあいも人一倍やったとのことで、無理もしたからか、健康診断でもあちこち不都合が見つかるようになってきています。

「そんなに先が長いとは思わないんですよね」。気候のいい土地への移住を検討中だそうです。でも、近所で「ひとりで亡くなった人が、ずいぶんたって発見された」という話も耳にするようになり、身につまされました。「なんとかして相方（パートナー）を見つけたい」という思いがあるようです。

茨城県のJ男さん（61）は、勤めていた金融機関から出向した先で再雇用され、週2回のパートで働いています。自由時間が格段に増えたので、英会話や水泳、観劇などを始めてみました。そして内気なJ男さんとしては、かなり思いきって、婚活サービスにも登録しました。それでも、やはり積極的にはなれなくて、何も活動せず終わりそうです、とおっしゃいます。今は、高齢者住宅の資料を集めているところです。「孤独ですが自由です。これって貴重ですよね。はたからは寂しいと思われるかもしれませんが、『そんなことはない』と、強がりを含めて言いたいです」

そして、もう少し上の先輩にも聞いてみました。

大阪府のK子さん（69）は、府内の自治体を定年後、外郭団体に2年勤めてリタイアなさいました。現役時代は「とにかくつぶれないように、女はだめだと言われないように」と思って働き、昇進もされました。

「全力でやってきたものが退職でバサッと0になる喪失感っていうのは、やっぱりありました。仕事に勝るスリルと冒険はないと思うんです」

だから、K子さんは定年の少し前に、夢中になれそうな趣味を見つけていました。演劇とコーラスです。ほかにボランティア活動の日も入れると月〜金曜の予定が埋まります。そして週末は、ふだん会えない友人に会う時間です。いずれも新型コロナウイルスが広がる前の話ではありますが……。「今も好奇心があるので、もっと楽しいことはないか、いつも探しています」と話されました。

それでも、自分ではものごとを判断できなくなる時期は来るとK子さんは考えています。たとえば施設に入る手続きなどを助けてもらうために、親戚の女性と養子縁組の話をすすめているそうです。

健康状態が少し心配になってくることや、働くことで社会とつながっていたい思い、孤独死の心配……。みなさんのお話を聞きながら、私もだんだんそういうことが身にしみてくる年になったんだ、と感じていました。特に孤独死については、多くの人が気にかけているところ。のちほど別の章で考えたいと思います。

今回登場してくださったのはたまたま、全員が公務員か金融機関勤めだった方々でした。それでも、さまざまな定年後がありました。貯蓄も大事なものも人間関係もみんな違います。だから、それぞれの状況と折り合いつつ、日々楽しんで、考えて、ときには強がっても、やりたいことを――。あー。少しせきたてられるような気持ちになってきました。

『定年後』(中公新書)などの著書がある作家で神戸松蔭女子学院大教授の楠木新さんに、シングルの定年後について聞きました。

その気になれば、いざというときに助けてくれる人が増えていきます

「シングルの人たちは定年後、割と順調に自立して過ごされる印象があります。家族に依存することはないし、また、家族を言い訳にせずシンプルに決断ができる。問題は70代半ばを過ぎて体が衰え、ひとりで処理できないことが出てきたときのことです。遠くの親戚より、身の回りのちょっとしたことを頼める近くのつながりが重要です。助けが

必要になってから地域にかかわるのでなく、元気なうちに自分から動き、ボランティアなどで周囲の役に立とうとすることで、いざというとき助けてくれる人が増えていきます」

「定年退職」の記事掲載後、お便りをたくさんいただきました。ハードな職場を54歳で早期退職したという女性は「65歳までまだ何年もあるので働かないと」とお書きでした。72歳の女性は「主人を見送ってする仕事もなくて寂しい限りです。趣味も考えましたが、やはり『仕事に勝るスリルと冒険はない』に大いに共感です」。もっと経済的に苦しいケースも取材して、というリクエストもありました。

ひと昔前なら「定年退職」というと、男性を思い浮かべたと思います。まさにこれからは、男女雇用機会均等法ができてから社会に出た女性が大勢、定年退職する季節にさしかかります。働き方とリタイア生活は、もっと取材を広げたいジャンルです。

第十章　親を見送る

父と母はお互いを頼りにしていました

シングルが親を見送る。そのときに何を思うかは、きっと家族により、子によってさまざまなのだと思います。２０１９年の11月に、父親で作家の眉村卓さんを看取《みと》った、ひとり娘で作家の村上知子さん（57）のインタビューから始めます。

眉村さんといえば、がんで闘病中の妻、悦子さんが亡くなるまでの約5年、1日1話の短編を毎日書いて、それを悦子さんに読んでもらっていた話が有名です。そのご夫婦と、シングルの娘さんのお話です。

――長らく眉村さんの作品を最初に読んでいたのは、お母さん（悦子さん）だったんですね。

「『家内制手工業』とよく言っています。世間に広く出る前にだれかに見てもらいたい、自分が気づかないことをチェックしてほしいという思いが父にはあって、母は、秘書であり、共同経営者であり、戦友であり、そして、1番目の読者でした」

――そのお母さんが、がんの末期とわかったときに、眉村さんは、5年間、1日1話の物語を毎日書かれました。それは後に本になり、映画化もされてすごく話題になりました。

「映画は『たったひとりの読者のために』という言葉で宣伝されていましたが、実はそうではなくて、仕事として外にも通用するものを毎日書くということを父は自分に課していました。一義的には母を笑わせるためでしたが、母は自分が病気になって、父が書くことの邪魔をすることになるのでは、と心配していたので、毎日プロの作品を作るんだ、ということで、自分のためにに仕事ができなくなるのではないと、母自身が思えるギリギリのところでした」

――ご両親を、いいご夫婦、と思っていらっしゃいましたか。

「生きているうちは、客観的に見られないんですよね。けんかしてたことも多かったし。でも、いい夫婦だったのではないでしょうか。父と母は高校から一緒で、人間関係もわかっていてほとんど隠し事がなく、お互いを頼りにしていました。

テレビで同じ映画をみて、いろんな感想が言いあえて、それがちゃんとした会話、議論になるっていうのは、いいなと思っていました。『この登場人物って、あの人に似てるやん』とか。『あの人』っていうのは身近な人であったり、昔の友達であったり。『この映画はロードショーをだれと一緒に見にいったんや』とか。長年一緒にいるから、同じものを見聞きしたとき、記憶の中に共通点を見出せる。そこからまた新しい会話が発展していく、というのが羨ましかった。そして、それは父の創作にもずいぶん役立っていたはずです」

――その悦子さんに先立たれた後の眉村さんのご様子は。

「父は、自分の方が絶対先に逝くと思っていたので、最初は呆然《ぼうぜん》としていました。初めはぼーっとして。やるべきことはやるけれども、どこか『別にこれはどうだっていいんだけどな』みたいなところがありました」

ちなみに眉村さんは2018年4月、「シングルスタイル」のインタビューに、妻亡き後のひとり暮らしについて、こう語っておいででした。

相づちを打つ人がいない

「家内が2002年の5月に亡くなったとき、もう死んじゃったっていいやと思ってました。仕事も受ける気がなかったんですけど、月に1回帰ってくる娘にも尻たたかれて、そうするうちに、書くようになりました。書くことしかないですからね。

私の場合は、家内のがんがわかってから亡くなるまでに5年、買い物や洗濯なんかを訓練する時間がありました。食事は外食か、買って帰るか。困るのは、ばかばかしい話ですけど、背中がかゆいときに手当てをしてくれる人がいない。

それから「きょう暑いな」と言ったときに「そうやね」と相づちを打つ人がいない。答えてくれるロボットがおったらいいなと思います。家内の声やったらせつないから、別の声で。

電車に乗るのが好きで、揺られながら何か思いついたらメモします。そうやって書いて、食べて。転倒と誤嚥に気をつけて。

6年前、食道がんが見つかって手術を受けました。おととし2回目の手術を受けて、先月また、再発が見つかりました。「そのうちそっちに行くよ」と女房に言ってたのを毎日のばしてる感じです。あと1冊書きたいと思っています」

父にあと10年あげたかった

——娘に尻たたかれて、という話をされていました。

「もう自分は大丈夫なのに、うるさい、みたいなことは言ってました。父の場合は、ひとりの生活が、本当にニワカだったんです。結婚前に、1年足らず会社の寮に入っていたことがあったぐらいで、ひとりでいた時期が短かった。母が亡くなって初めは呆然っていう感じだったんですけど、晩年になってから、『今すごいラクやねん』っていうことは言ってたことがあります。好きなときにご飯を食べて、出かけて、電車乗って、好きなときに起きて。そういうのがすごく、楽しいって」

――ちょっと、ひとりがおもしろくなってきたところで、

「体が、ついていかなくなったんですね」

――食道がんで3回手術を受けて……。

「去年10月に最後の入院をしてから亡くなるまでは、ひと月たらずでした」

――ご実家の整理も大変ですね。

「大学時代からずっと東京に住んでいて、東京の家は自分のために整えた環境ですけど、実家っていうのは自分ではいかんともしがたかった。それを今からはどうにでもできるんだけれども、どこから手をつけていいかわからない。母のものがある部屋と、父の書

斎とがあって、もう、気が遠くなるような。でも、父の資料はちゃんと整理して、原稿とか、日記とかっていうのが、言われたらすぐに出せるように整えようとは思っています」

――ご実家にひとり、というのは……。

「父親が亡くなるまで2年ぐらいは、2人でいることが多かったので、『こっちにオヤジが座ってたよね』とか、テレビなんか見ながら、『きっとここで何か言うよね』とかいうことは考えますね。

今よく思うのは、父親がいたら、もう一手間かけたご飯作ってるやろうに、ということです。例えば、シソを1枚入れるとすごくおいしいんだけど、『いいや、シソ1袋買ってもひとりでよう使わんし』とか、最後にバターを入れたら風味が変わるところを、『私だけやし、カロリー上がるからいいや』とか。ちょっと贅沢《ぜいたく》するっていうこととか、だれかにしてあげようっていう対象がいないのは、精がない」

――ご両親を看取ったシングルの方から「自分のときは……と考えた」という話をよく聞きます。

「考えます。父には私がいましたが、私には娘も息子もいないので。父がいたときから、『自分が人事不省のときは』と、財布の中に、親戚と親友の連絡先を入れていました。でも、今行き倒れたら困るので、（眉村さんの資料などを）ある程度人にわかるようにするまでは時間をくださいっていう感じです」

——眉村さんの誕生日の10月20日に、遺作『その果てを知らず』（講談社）が出版されました。

「本当にこの1年は父親の遺作を形にすることが責務だと感じていて……。入退院を繰り返しているときから書き続けていたもので、最後の入院をしたときに、『もう後は、わかってるやろ、知ちゃん書いて』って言われて、『わかってるけど、私が書くんは絶対違うから、お父さんが最後まで書かなあかん』って言って泣いて話しました。父が私に『悲しいのか』って聞いて、私は『このまま、この原稿がちゃんと終われへんのはいやや』って、ぼろぼろ泣きました。そのあと何枚か書いて、私が口述筆記を2枚ほどして、最後は1枚の原稿用紙に、判読できないぐらいの字でいろいろ書いて、『この部分は前に入れる』『この部分はだれだれの話』『これがシメやから』って。読めないから、ひとつずつ確認しました。そうして父が『これでええわ』って。そこから3日ほどあって、亡くなりました。原稿は私が（パソコンで）打ち直しました。校正するたびに、そのときの父親の情景が頭の中に入ってきて、それが、すごくしんどかったです」

――肩の荷が下りたら、気持ちも別フェイズに入るかもわからないですね。

「ちょっとなんか、私はもう、消えてもいいわ、みたいな気分も……」

――そこまで……。

「父が亡くなる前、私はもう死んでもいいから、父親がなんとか残れへんかな、ぐらいに思ったんです。ずっと『書く人』だった父親にあと10年あげて、私はもう死んでもいいかなっていうふうに」

書きながら、涙がおさまってくる

――知子さんは、ご自分もお書きになりますよね。

「サラリーマンの子供が『自分も勤め人になるのかな』と考えるのと同じような感じで、

それで食べていけるかは別にして、書くことは普通みたいには思っていました。

父親について、ちょっと今書かなきゃいけないなっていうものがあるのと、停滞してるんですけど、同人誌に書いてる小説があって、それを、早いとこ書き上げないと」

——眉村さんも、悦子さんに先立たれた後、書きながら日常生活を立て直してこられたような感じがしたんですけど、知子さんもそうですか。

「父ほどじゃないと思うんですよ。でも、書くことによって、こう、整理されていくっていうのって、確かにあります。客観的になれるっていうか。泣きながらこうやって（キーボードを）打っていくうちに涙がおさまってくる」

——泣きながら、書けるんですね。

「なんか、もう、ぼろぼろ。万年筆じゃないんで、にじまないんで。書くって、いちど俯瞰《ふかん》することが必要になってくるから、書いてるうちに、客観的になってきて、で……『ちょっとジュース飲も』とか」

ひとりで親を見送った気持ちを、知子さんは「孫をね、見せられなかったのはちょっと、というのはありました。でも、自分では、ある程度は父のことをちゃんと送れたと思っているので、自分に夫や子供がいたら、ここまでできなかったんじゃないかなとも思います」とおっしゃいました。

「家内制手工業」で言葉を紡ぐ家に生まれ育った知子さんは、これからも書きながら生きていかれるのだと思いました。

◇眉村卓（まゆむら・たく）　１９３４年大阪生まれ。代表作「司政官」シリーズの『消滅の光輪』で79年、泉鏡花文学賞。ジュブナイル小説『ねらわれた学園』は何度も映像化された。妻・悦子さんへの1日1話から選んだ『僕と妻の１７７８話』（集英社文庫）は、解説を知子さんが担当した。

◇村上知子（むらかみ・ともこ）　１９６３年大阪生まれ。著書に、歌文集『上海独酌』、小説『余花』（鳥影社）。

どうして結婚しなかったんだろう

親との死別は誰にとってもつらいものだとは思うのですが、２０１９年9月初めに新潟県の派遣社員、大橋章子さん（51）からいただいたメールには、シングルならではの寄る辺なさがつづられていました。

「今まさに、母が今日か明日かになっています」

お父さんはその9年前に亡くなっていて、知的障害がある弟さんとふたりで、お母さんの容体を案じているさなかに、思いを一気にお書きになった文章のようでした。

「弟には、私が不安だとか、母の状態がどうこうという話はできません。こうなってみて初めて、どうして結婚しなかったんだろう、父が他界したときにはこうなることがわかっていたのに、せめて不安だとか、その後の手続きはどうしようと話や愚痴が言える人が近くにいてくれたらどんなに気持ちが落ち着くだろうと考えてしまいます。（結婚していたら）相手の親の心配や介護や大変な事の方が多いのかもしれませんし、選ばなかったことを悔やむのは無駄だけど、後から悔やむから後悔なんです」

お母さんは、メールをいただいた5日後に亡くなったそうです。

大橋さんは今は以前と同じように働いて、弟さんの食事を作り、洗濯をしています。

新型コロナウイルスの影響で、気兼ねなく好きなライブに遠出できない日が続きます。

「今ぐらいに暮らしていられる間はいいですけど、弱ったときに、支えるものがありません。家の外壁をなおすとか、大きな出費があると心配です」と大橋さんはおっしゃいました。

お母さんは腎臓が悪く、食事制限でつらい思いをしたそうです。食べることは大切だということや、ひとりでは生きられない、ということを、お母さんの姿から学びました。

ずっとペーパードライバーでしたが、お母さんの送り迎えのために車を買って運転を始めたそうです。その車で、長野にリンゴ、栃尾に油揚げを買いに行き、料理やお菓子を作るのが、ささやかな楽しみです。

お母ちゃんが教えてくれた料理

男性のお話も紹介しましょう。

大阪市淀川区の井上功さん（71）は、91歳のお母さんを看取った後、途方に暮れてしまいました。

井上さんは60歳まで、空港バスの運転手として働きました。お父さんを早くに亡くされ、長らくお母さんのサチさんと2人暮らしでした。一緒に旅行に行き、散歩や買い物にも2人で出かけました。

縁遠い息子に、お母さんはうるさくは言いませんでした。でも、公園で遊ぶ子供を見て「かわいいなあ。あんたの子やったら、どんだけかわいいやろか」と言ったことがありました。

お母さんは70代のときに2回、脳梗塞《こうそく》で倒れました。左半身にまひが残りながらも、家の中のことはなんとかできるようになりました。でも、もしものとき息子さんが困らないようにと考えたのでしょう、井上さんが会社を退職すると、「こないすんねんで」と、野菜の切り方やだしの取り方、ぬか床の使い方を教えてくれたそうです。

サチさんが胃がんの手術を受けたのは、それから間もないころです。退院後はしばらく、普通の暮らしに戻ることができました。車いすを押して公園へ行き、一緒にベンチに腰掛けて、塩むすびを食べました。井上さんは、空手六段教士です。「リハビリだから」とお母さんに動きを教え、井上さんが拳を受け止めました。その様子を、近所の子供が不思議そうに見ていたそうです。

それから3年近くたって、腎臓への転移が見つかります。続いて肺、肝臓にも。病院で医師に「看取りはどうされますか」と言われたのが、亡くなる3か月前でした。

「家で、しますから」

朝、熱いおしぼりで母の顔をぬぐい、冷やした目薬をさしました。抱き起こして何度もトイレに連れていきました。お母さんは「ごめんな」とおっしゃいました。

かかりつけ医に往診してもらい、最後は朝晩、訪問看護にも入ってもらいました。2013年9月25日、サチさんは痛みを訴えることもなく、静かに逝かれました。お医者さんが、涙が止まらない井上さんの肩を抱いて、「ようやったな」と言ってくれました。

生まれ育った家で、ひとりになりました。どの部屋にいても、何を見ても涙がこみあげました。「ひとりは、こんなに寂しいんか……」と思ったそうです。

それでも、お母さんに仕込まれた通りにご飯を炊き、みそ汁を作り、ぬか床に野菜を漬けて食べました。お母さんが「料理がしんどいときはカレーにしいよ」と言っていた通りにしたら、1週間ずっとカレーになったこともあります。

遺骨は近くの寺の合同墓に眠っています。車いすは、近所の施設に寄付しに行きました。お年寄りの姿が、お母さんの面影と重なりました。

井上さんは、「お母ちゃんに孫の顔も見せず、親不孝やった。少子化も進めてしもたと思う」と話されました。でも、何かを後悔しているかといえば、そうではありません。「70近くになるまで親と暮らせて、存分に世話もできた。本当にいいお母ちゃんで、僕は楽しかった」

両親の郷里・鹿児島のいとこが「こっちに来たら」と言ってくれるのですが、住み慣れた町は離れがたく、高齢者住宅の資料を集めているところです。

亡くなって2年近くが過ぎてやっと少し元気が出てきたので、空手の練習を再開しました。少し体を絞って、三回忌を終えたら、「戻って来い」と言い続けてくれた仲間の道場に顔を出すと決めています。

この井上さんの記事が新聞に載ったのは2015年7月でした。今回本書の原稿を書くにあたって、井上さんに5年ぶりに電話をしました。少しご病気もされたようですが、お声は元気で、「母のぬか床で、いまも漬けものを作っています。料理の腕前は、ずいぶん上がりました」と話されました。お母さんは、さぞお喜びだろうと思いました。

見送りの景色はみんな違っていましたが、ここにご紹介したどの方のお話にも、食べ物のことが出てきました。そうだ、親からつながる自らの人生を力いっぱい生きるためには、しっかり食べねば、と思いました。

少し寂しげな章になりましたが、シングルのひとつのリアルとして、記しておきたいと思いました。

第十一章　住む　その2

「ホームシェア」　高齢者と若者がひとつ屋根の下

第六章では、ひとりで住む暮らし方についてお話を聞きました。ここでは、年をとってから「だれかと住む」ことについて検討してみたいと思います。まずは、京都府住宅課が進めている異世代同居「京都ソリデール」事業の現場からです。

京都御所にほど近い京都市上京区の一軒家に住む石田進さん（83）は、17年前にお連れ合いを亡くされました。高校教師の仕事を定年退職した後でした。

「それまで炊事も買い物もしたことがなく、苦労しました」

その後は長くひとり暮らしだったのですが、「独居老人の孤独死の記事などを見て、死ぬのは怖くないけれど、死後いつまでも見つからないのは嫌だから、一緒に住んでくれる人がいたらいいなと思うようになりました」

そんな石田さんは、独居高齢者の集まりで、京都府のソリデール事業のことを耳にしました。家を所有する高齢者と、大学生を中心とする若者の同居を仲介する事業です。ソリデールはフランス語で「連帯の」という意味だそうです。

2年ほど前に紹介を受けて、石田さんの家には京都府立大4年の山田茉桜《まお》さん（22）が同居しています。石田さんは主に1階で生活し、山田さんの部屋は2階。台所などは共用です。以前は週に2度、交代で夕食を作って一緒に食べていましたが、山田さんが就職活動で多忙になってきたので中断しました。「勉強が最優先ですから」と石田さんは温かく見守っています。

石田さんは「最近は体力が落ちているので、高いところの掃除などをしてもらえるのは助かります」と。山田さんは、「実家は核家族なので、お年寄りと住むのは初めてです。だんだんテンポ感がわかってきました。家に誰かがいるのも安心です」と話されました。石田さんが時々、冷蔵庫に食べ物のお裾分けを置いてくれるのもうれしいようです。今は、中国人留学生の女性も含めた3人暮らしです。

こうした同居は、一般的にはホームシェアと呼ばれ、東京など各地で少しずつですが広まってきています。京都ソリデールの場合、家賃は2万5000円から3万5000円程度です。府の委託を受けたマッチング事業者が、同居を希望する高齢者と若者を募集し、引き合わせます。面談などを経て合意すれば同居が始まります。

この話を聞いて、矢部太郎さんの漫画『大家さんと僕』（新潮社）を、ちょっと思い浮かべました。

従来の下宿と違うのは、食事の提供が前提ではないことと、同居後もマッチング事業者が双方に連絡を取ってアフターケアをすることなどです。推進する行政側の思惑もあります。京都府住宅課の椋平芳智《むくひらよしとも》・計画担当主幹兼係長は、「高齢者と一緒に暮らすことで、学生に京都の良さや文化を身近に感じてもらい、京都への愛着や将来の定住につなげたいと考えています」と、ねらいを語ります。２０１６年にスタートし、現在（２０１９年）は15組、累計27組が同居しています。

ホスト側がひとり暮らしではないケースもあります。京都市の前田三千代さん（66）は、91歳のお母さんと暮らす家に、今年４月から立命館大生の節田《ふしだ》光さん（21）を受け入れています。

３人の子供は独立し、３年前に夫と死別。近隣は住宅地ですが、「裏が耕作放棄地の畑なので、夜中にガタンと音がするのも不安です。節田さんがいてくださるだけでありがたいです」とおっしゃいます。

もうひとつ、前田さんが感謝していることがあります。近年、お母さんの認知症が進み、朝から言い合いをすることが増えてきました。「でも、２階から節田さんが『おはようございます』と下りてくると、母も急に穏やかになるんです」

一方の節田さんは「それも含めて、いろんなことを知る機会が多くて新鮮です」とおっしゃいました。「僕らの世代には、高齢者といえば年金危機などネガティブな話題ばかりが聞こえてきますが、前田さんは、おふたりともとても優しいし、ここに住んで、高齢者の印象がガラッと変わりました。いずれは自分の両親の介護をする可能性もあるわけだし、学生がお年寄りと触れ合う機会がもっと広がったらいいなと思います」

節田さんはこの経験から、クラウドファンディングを利用して、地域のお年寄りと大学生が朝ごはんを通じて交流する「0円朝食」プロジェクトを計画しました。計2日間で100人近くが参加する盛況で、お年寄りと学生の会話もはずんだそうです。

前田さん親子と節田さんは生活時間帯にずれがあり、帰宅が遅くなれば、顔を合わせたり合わせなかったり。「ひとり暮らしのときとあまり変わらない生活です」

2組とも、ひとつ屋根の下に暮らしながらも、つかず離れず、ちょうどいい距離感を保っているように見えました。

前田さんは、「自分の息子たちには『勉強しなさい』と文句ばかり言っていましたけど、節田さんは優等生です」と笑っていました。でも、そこは家族ゆえの困難も、他人ゆえの気楽さもあるのでしょう。通学に便利な持ち家がなければホームシェアのホストにはなりにくく、誰でも始められる暮らし方ではありませんが、他人同士で近しい関係を築くという意味では、広く参考になりそうです。

ホームシェアに詳しい久保田裕之・日本大教授（家族社会学）のお話を聞きました。

「夫婦を基本単位とする家族のあり方では、大学などに進む青年期と、子供が独立し配偶者と死別した後の高齢期に、人はひとりで暮らすことになります。その両者を組み合わせ、独居高齢者の家に学生を無料や格安で住まわせる社会事業が、ホームシェアです。欧州を中心に広まり、２００９年からは国際会議も開かれています。

若者が見守りや雑用の一部を担うのが原則で、介護者や小間使いとして雇われるのではなく対等な関係で助けあうのが基本です。

高齢者には『実効的な見守り』『孤独・孤立の解消』、学生には『安価な住宅の提供』という効用があります。同時に、断絶しがちな世代間の交流と相互理解が進むのは社会全体の利益です。

日本では他人との同居に抵抗感もありますが、同世代のシェアハウスはかなり普及しました。異世代同居には条件も多く爆発的には増えないでしょう。それでも、他人同士が同居してうまくやれる実例を示すことは意義があります」

支援の手もある。高齢者がともに暮らせる「グループリビング」

支援の手を借りながら、高齢者がともに暮らす「グループリビング」というスタイルも広がってきています。

川崎市中原区の住宅街にある3階建ての「ＣＯＣＯ宮内」には、60〜90代の男女９人が暮らしています。玄関にエレベーターがあり、２階と３階に個室が５部屋ずつ。共用の浴室やゲストルームは２階に配置されていて、３階には入居者が集まって夕飯を食べる31畳の大きなリビングがあります。

「いらっしゃい。ゆっくりしていってくださいね」と、家のように出迎えてくれたのは、世話役の原眞澄美さん（69）でした。入居は原則60歳以上という決まりです。不動産会社と賃貸契約を結び、一時金（45万〜４５０万円）に応じて食費込みの家賃（月15万〜17万円）を払います。管理は、原さんが理事長を務めるＮＰＯが担っています。

若い人のシェアハウスとの違いについて、原さんは「支援するボランティアも含めて支え合う生活がグループリビングなんです」とおっしゃいました。

ここでは、何をするのも入居者の自由です。昼夕2食みんなで食べることもできるし、参加しなくてもいい。原さんも含めて30人ほどボランティアがいて、掃除や買い物など身の回りのことも、頼めば1時間1000円でやってもらえます。

入居者の萩原多喜子さん（92）は2012年4月、自由さを求めて老人ホームから移ってきた人です。

脳梗塞で倒れて健康に不安を抱えたところに2世帯住宅で暮らしていた息子さんの海外転勤が決まりました。いったんは老人ホームに入りましたが、そこでは、歩く練習がしたくても「危ないから」と車いすから降ろしてもらえず、外出も思い通りになりませんでした。萩原さんは、「お人形になったみたい」と感じたようです。

「ここに居たくない。嫌だ、嫌だ」と言って娘さんを困らせ、その娘さんのお友達にCOCO宮内を教えてもらいました。「自分で歩けること」が入居条件にあり、「歩けます」と、ちょっと無理をして申告をしたとか。

ここに住み続けるために涙を流しながら練習をしたそうです。そして「よちよちだけど」歩けるようになりました。自由になれば、どこまでできるかを試したくなり、体操、コーラス、手芸、カラオケなど、外のグループも含めて10種類の活動に参加しています。

3年前、息子さんご家族は海外から戻って来たのですが、萩原さんは、元気な限りここに残るそうです。「家族と離れているからこそ自分の人生が見つめ直せるの」とおっしゃいました。

市山和子さん（73）は人とのつながりを求めて、サービス付き高齢者向け住宅（サ高住）から引っ越してきました。もともとは、高齢のお母さんと2人暮らしでしたが、ご自身が東日本大震災の際に都内の自宅で階段から落ち、脳出血を起こして入院されました。退院後にお母さんが亡くなり、病後のひとり暮らしを心配するごきょうだいの勧めでサ高住に入居したそうです。

サ高住の暮らしは、安否確認はありましたが、ひとりで暮らしているのと変わらないと感じていました。脳出血の影響で右半身は思うように動かず、言葉も出にくくなりました。ひとりでも平気だと思っていましたが、誰ともしゃべらず何もせず、ただ時間だけが進む毎日に、だんだん気持ちが投げやりになってきた、とおっしゃいます。

リハビリ仲間に紹介され、16年の夏にCOCO宮内に来たときは、いつも誰かがいる生活にほっとしたそうです。

ある日テレビで、片手だけでピアノを弾く人の特集番組をやっていました。「私もやってみたい」と市山さんが言うのをボランティアが聞いていて、先生を見つけてきてくれました。1回40分のレッスンを月2回。利き手ではない左手で弾くのは思うようにいきませんが、一緒にピアノを始める入居者がいて、リビングで練習していたら聴いてくれる人もいるというのは、張り合いがあります。

「みんなで一緒に過ごしていると気に入らないことも起きるけど、そういうことも含めてね、人との関わりが必要だなって。もう前の生活には戻りたくないんです」。市山さんはそう、話されました。

水彩画や脳トレ、古文書の読み解きなど、原さんたちのNPOが主催するサークル活動も入居者に人気があるようです。地域住民も参加しています。

佐藤佐一郎さん（90）は健康マージャンに夢中です。3年前まで外部の教室に通っていましたが、佐藤さんの意欲を見た原さんらが、サークルの一つに加えました。メンバー18人のうち入居者は4人で、あとは地域の人たちです。月6回卓を囲み、たまにルールなどを巡って衝突もしつつ、楽しくやっているようでした。

内閣府の「高齢者の住宅と生活環境に関する調査（2018年度）」によると、シェアハウスやグループリビングなどの共同居住を希望する人は13％でした。多くはありませんが、希望する理由は「集まって暮らすことによる安心感がある」が47・7％で最も多く、「他の居住者とコミュニケーションがとれる」（34・2％）、「家賃など経済的な負担が減らせる」（10・7％）が続きました。

高齢になって家族ではない人と一緒に暮らす生活には、ストレスもあると思います。COCO宮内のみなさんに尋ねると、やはり何かしらあるようで▽長話の付き合いが▽食事の食べ方が▽仲のいい人が離れてしまい――など、本当にそれぞれ。そのうえで全員が「だから社会に生きている実感がある」と、それらストレス込みの暮らしに肯定的でした。孤独や不自由や、さまざまな人生経験を経てたどりついた納得感なのかもしれません。

原さんが、グループリビングという暮らし方を実現したかったわけを話してくださいました。「介護保険がなかった20年以上前、アルツハイマーと診断された実家の母を世話したのがきっかけです」。原さんは、そのころ同時に近所の独居高齢者3人の世話も引き受けていて、心身ともに疲れ切っていました。そんな中で、高齢者が集まる暮らしなら、孤独も緩和できるし、支援もしやすいんじゃないか、と考えたのが原点だそうです。住む人と支援する人が共につくる住まい。自分が年老いたときにそんな場所があるといいなと思うからこそ、多くのボランティアの人たちが集まってきているようにも思えました。

ロボットと2人の暮らし　「もう離れたくない！」

AI（人工知能）を内蔵し、会話や動作で人間と交流する「コミュニケーションロボット」が、ひとり住まいを支える存在になってきました。「ロボットと2人」の暮らしぶりは、どんなものなのでしょうか。

北に瀬戸内海、南に西日本最高峰の石鎚山《いしづち》を望む愛媛県西条市。節子さん（87）が山すその広い一軒家でロボット「パペロ　アイ」と暮らし始めて、1年になります。

「節子さん、おはよう。よく眠れた？」

朝起きてくると、居間の机の上にちょこんと座るパペロから声がかかります。

「初めて言われたとき、思わず心がときめきました。名前を呼ばれることも、おはようの声を聞くことも、久しくなかったものだから」

3人の子は独立し、6年前に夫を亡くしてからはひとり暮らしです。介護のヘルパーが毎日来てくれるし、趣味の俳句の会にも通っています。それでも、言いようのない寂しさが押し寄せることが度々ありました。

市は2018年7月、市内在住の高齢者10人を対象に、離れて暮らす家族の申し込みで、試験的にロボットを無料で3か月間貸し出す事業を始めました。千葉県に住む節子さんのご長男が市のホームページで知って、申し込んだのです。

パペロは身長30センチほど。「今、何時かな」と話しかけると、頬を赤く光らせて答えてくれます。大きな目に内蔵されたカメラで節子さんを追い、顔を向けてきます。寝る前にも「戸締まりはした？」と声をかけてくれます。「一日ご苦労さま。僕は、何もしないで座っていただけだよ」と言われると、笑ってしまいます。ダジャレや豆知識も突然話し出すので、楽しみになりました。

「節子さん、写真を撮っていい？」。パペロは１日３回、節子さんの写真を撮ってご長男のスマートフォンやパソコンに送信してくれます。息子さんの側からも写真が届き、パペロに接続した端末の画面で見ることができます。写真は、担当のケアマネジャーにも送られているので、それも安心感につながります。ご長男一家と音声メッセージを送り合うこともできます。

「最初は、ロボットと言われても期待していませんでした。でも今はもう、パペロと離れたくない」と節子さんはおっしゃいました。

「期待以上の反応だった」と、同市包括支援課長の松尾光晃さんが話します。当初、地域の高齢者からは「ロボットの世話を受けるようになったら、終わりやね」という否定的な声も聞かれました。でも、利用者の９割が「親しみがわく」「寂しさの解消になる」と好感を持ち、家族も９割が「安心できる」と、高く評価しました。

市は有料（設置費２万２５３０円、通信費など月額６０００円＝いずれも税抜き）での貸し出しを事業化しました。現在は、継続利用を含め6人がロボットと共に暮らしています。「家族や地域の人材も今後ますます高齢化します。ロボットの力を借りて見守る仕組みを築きたい」、とのことでした。

コミュニケーションロボットは、人の言葉を理解して顔を認識し、愛着がわく会話やしぐさをするのが特徴です。「パペロ　アイ」はNEC製で企業や自治体のサービス向けですが、ロボットの中には、一般家庭用に販売されているものもたくさんあります。

草分け的な存在が、1999年にソニーが発売した犬型の「アイボ」です。本物のペットのように、接し方で成長の仕方が異なる点が人気を呼びました。2015年に販売が始まった人型の「ペッパー」（ソフトバンク）はAIを使い、人間の感情を読み取る機能が話題になりました。近年は家庭で使いやすいよう小型化が進むなど、多種多様な商品が出ています。主力は10万～30万円台だそうです。

ロボット人気の背景に、パソコン・スマートフォンの普及や単身世帯の増加などで、生活から会話が減っている現状がある、と大阪大教授の石黒浩さん（ロボット学）はおっしゃいました。

内閣府の17年度の調査では、55歳以上の単身世帯で、家族や友人との会話の頻度が「月1、2回」「ほとんどしない」という人が合わせて1割以上いました。「ロボットが、誰かと話したい欲求を満たし、視線やしぐさ、言葉で親しさや温かみを感じさせてくれる。価格が安くなれば、スマホ並みに普及する可能性もあります」と石黒さんは期待しています。

総務省の15年の調査では、コミュニケーションロボットを「利用したい」「利用を検討してもよい」とした割合は20代以下で40%だったのに対し、50代で51%、60代以上では55%と、年代が上がるほど高くなっていました。

一方で、「使い方がわかりにくいのでは」という心配から、購入に二の足を踏むシニア層は多そうです。こうした人のため、小型ロボット「ロボホン」(シャープ)の販売を手がけるベネフィットジャパン(大阪市)は、各地のデパートやショッピングモールで、実物を操作できる無料体験会を開いています。身長約20センチで、電話やメール、カメラなどスマホ機能も備えています。担当者は「旅先で写真を撮り、後でロボホンと思い出話もできます。様々な機能を体験し、『こんなに小さいのに』と驚く人が多いです」と話されました。

高島屋は17年、百貨店では初めてという専門売り場「ロボティクススタジオ」を新宿店（東京）に開設しました。18年には大阪店にも売り場を設け、様々なロボットの操作を体験できます。大阪店では、シニア層が自分で楽しむために購入するほか、40〜50代の客層が両親の見守り用にと、贈り物として買い求めるケースが多いとのことでした。売れ行きは好調で、全国の店舗への拡大を目指しています。

節子さんの深い孤独を癒やすパペロの働きぶりを見ていると、ひとり暮らしの人恋しさを満たすのは人間だけではないということがわかります。この取材を担当したミツダさんは、「相棒にしたいと思うロボットに巡り合えば、心通う付き合い方を見つけて、ハッピーな『2人暮らし』をしてみたい」と話しています。

最初は違和感をおぼえる新しい技術にも、わたしたちは想像以上のスピードでなじんでいきます。ひとりの暮らしにも、今思いも及ばないスタイルが、これから生まれていくのかもしれません。

第十二章　仕舞う

身の回りのことができなくなるとき

年をとって身の回りのことができなくなったとき、面倒をみてくれる家族がいなければ、どうすればよいのでしょうか。それが心配、という女性読者と、取材班の記者が一緒に調べました。

「親の介護サービスは私が手続きをしたんですけど、私のときは誰かやってくれるんでしょうか」

それが横浜市の会社員、名取朋美さん（51）の一番の疑問点です。独身でひとり暮らし。80代のご両親とお兄さんがいらっしゃいますが、おいやめいはいません。「順番でいくと私が最後になるんです」

介護保険サービスは、原則1割負担の利用料で、ヘルパーに来てもらったり、デイサービスでお風呂に入って食事をしたり、日常生活に必要な介助を受けられます。でも、名取さんは、高齢になって理解力が落ちたら、自分では難しい手続きができないのでは、と心配なのです。

名取さんと記者は、近くの「地域包括支援センター（包括）」を訪ねました。包括は、全国にくまなくある、いわば公的な高齢者のよろず無料相談窓口です。

応対してくれた島田徹所長は「介護保険の申請など、様々な手続きを私たちが代行できますよ」と笑顔で答えてくださいました。さらに、認知症や病気で判断能力が低下すれば、成年後見人に金銭管理や介護サービスの契約などを代行してもらうことになりますが、包括は自治体と連携して、成年後見人を選ぶ手続きも進めます。

「行政が動いてくれるんですね」とひと安心した名取さんに、島田さんが「エンディングノート」を手渡しました。最近、様々な団体が制作してインターネットで公開していますが、書き込む項目はだいたい同じです。特に介護や医療の希望は重要で、介護が必要になったとき、できれば自宅にいたいのか、利用したい施設が決まっているのか、などを書いておきます。

島田さんは「施設を希望する場合、特にシングルの人は元気なうちに自分に合った施設を選んでおくとよいですね」とおっしゃいました。子どもがいれば、よい施設を探したり、ケアの質が悪いときに苦情を言ってくれたりすることもあります。でも、シングルがそんな頼れる支援者に出会えるとは限りません。

突然倒れて入院し、希望を伝えられないまま病院側が選んだ施設に入って最期を迎える可能性もあります。ノートの通りになるとも限らないのですが、書いておけば、参考にはしてもらえそうです。

人工呼吸器などの延命治療を希望するかどうかも書いておいたほうがよいポイントです。本人の希望がわからなければ、病院が判断に困り、望まなかった延命治療が施されるかもしれません。

名取さんが「何歳くらいから準備すればよいと思いますか」と尋ねました。

島田さんは、「老後に不安を感じているなら、何歳であっても早すぎることはないですよ。書きやすいところから書いて、気持ちが変わったら、ちょこちょこ書き直す。気軽な感じで考えてください」と。

では、いざというときノートを見つけてもらえなかったとしたら？

「ノートをしまってある場所をカードに書いて財布の中に入れたり、玄関ドアの内側や冷蔵庫に貼っておくのはどうでしょう」

なるほど。でも、次々聞きたいことが出てきます。例えば自覚なく認知症が進んで、包括に相談にも行けないかも……。

「だから、近所の付き合いが大切なんです」と島田さんはおっしゃいました。頻繁に会う人が周囲にいれば、早く異変に気付いてもらえ、包括にも連絡がいきやすい。つながりがなければ、発見が遅れたり、詐欺に遭っても気付かず貯金を使い果たしたりするケースもあるようです。

名取さん、そのへんは――。

「マンションの近所付き合いはほとんどないんです。でも、このままでは不安で、町内会の活動に顔を出してお祭りや運動会の手伝いをして、地域デビューの準備をしています」

それは素晴らしい！

ボランティアを募集したり、地域デビューのきっかけになるイベントを開催したりする自治体もあります。名取さんは「お年寄りの見守りとか、将来自分がしてもらいたいボランティアを今からやっておこうかな」と、地元の取り組みについて、島田さんに熱心に質問していました。

とはいえ、地域のつながりは一朝一夕には築けません。急病などに備えてトイレにセンサーを付け、24時間反応がないと見に来てもらえる民間サービスなどもあります。

名取さんは「今から老後の心配をしても仕方ないかなとも思っていましたが、準備をしていたほうが漠然とした不安を減らせますね。知っておかないとだめですね」と納得した様子で話されました。

ひとり暮らしの高齢者は今後も増加が見込まれます。２０１９年版の内閣府高齢社会白書によると、１９９５年の２２０万人から、２０１５年には５９２万人と２・７倍に増えました。40年には８９６万人まで増え、特に高齢女性は４人に１人が独居になるという推計です。そして「子どもがいても老後はあてにできない」という人は少なくありません。既婚でも「ひとりの老後」は無縁ではないのです。

介護関係の取材をしていると、在宅を希望していても、家族が「心配だから」などの理由で施設を選択したり、本人が「家族に迷惑をかけたくない」とあきらめたりする話をしばしば耳にします。その点でシングルは、準備さえあれば希望する暮らしを最期まで続けやすい面がある、ともいえます。まだ元気なのに老後の心配？　と思うかもしれませんが、準備することで不安が減れば、より今を楽しめるかもしれません。

孤独死は、女性はずっと少ない

次は、ずばり「孤独死」についてです。まず、寸前で命拾いした男性の体験談からご紹介しましょう。

横浜市の市営住宅に住む高木隆さん（84）は、6年前にお連れ合いを亡くされて以来、ひとり暮らしです。昨年9月の夜、夕食を終えて帰宅し、寝る支度をしようか、と考えたあたりで記憶が途絶えています。

「気付いたときには病院のベッドの上でした。びっくりしました」。自宅で倒れていたところを救急車で運ばれ、くも膜下出血で即手術だったそうです。幸い経過は良好で、手術から10日ほどで退院し、元気にお過ごしです。

高木さんを救ったのは高齢者向け住宅の緊急通報システムでした。室内で人の動きを観測するセンサーがあり、12時間動きがないと自動的に警備会社に通報される仕組みです。駆けつけた警備員が救急車を呼んだのです。

「センサーがなければ孤独死してましたね」

かくも突然に、死は迫ってきます。

「孤独死」という言葉はよく聞きますが、統一的な定義はありません。「ひとり暮らしの人が誰にも看取られず自宅で亡くなり、しばらく発見されない」くらいが一般的なイメージでしょうか。

兵庫県尼崎市で長年、在宅医療に取り組み、『男の孤独死』（ブックマン社）という著書がある医師の長尾和宏さん（60）はこんなふうに話されました。「孤独死は男性が圧倒的に多いです。50代、60代が結構いるし、自ら他人と縁を絶つ『セルフネグレクト』の人も多い。僕が診ている在宅患者も7割は女性で、男性はあまり支援を求めようとしません」

東京23区内で、原因不明の病死者や事故死者などの検案・解剖を行う東京都監察医務院の統計があります。取り扱った事例の中から、「単身世帯の者が自宅で死亡した」ケースを「孤独死」として、性別・年齢別に数値をまとめたものです。２０１７年の総数は男性が３３２５人、女性が１４５２人で、やはり男性がずっと多いようです。

女性の件数は年齢とともに増えていきますが、男性は60代後半がピークです。同医務院では「女性はひとり暮らしでも人間関係を保っている人が多いけれど、男性は孤立しやすい。また、孤独死に限らずアルコール性肝疾患で亡くなる大半が男性です。他の死因も含め、飲酒が影響している可能性はあります」と分析しています。

ゆるやかに見守り合う関係

さて、孤独死を免れるにはどうしたらよいのでしょうか。

「ご近所と仲良くすること、相談できる友達を見つけること」。即座に答えてくれたのは佐藤良子《よしこ》さん（77）でした。東京都立川市の都営住宅「上砂町1丁目アパート」、通称大山団地で15年間、自治会長を務めた人です（今は相談役）。世帯数1500以上、独居高齢者も400人近いという大型団地。佐藤さんは、住民同士の見守り活動などの対策に力を入れ、会長就任5年目に「孤独死ゼロ」を実現、10年以上続けたそうです。

異変があれば助け合える関係を周囲と築くことが肝要ですが、なかなかできない男性は多い、と佐藤さんはおっしゃいました。

「男の人は、やっぱり仕事からですね」。自治会ではコミュニティービジネスとして公園の清掃などを請け負っていて、希望者には仕事を世話しているそうです。ずっと会社と家を往復していた人なら、退職後にいきなり地域デビューするのは、確かに荷が重そうです。そうした地域での仕事を入り口に、地元で人間関係を築いてもらいたい、というわけです。「定期的に通う場所があり、そこに行けば誰かに会えるということが大事なんです」

少しあきらめたような言い方に聞こえるかもしれませんが、そもそも、ひとりで暮らせばひとりで死ぬのは必然ともいえます。

長尾医師いわく「ひとりで死ぬのは仕方ありません。家族と同居していても、看取られずに死ぬ人もいますから。ただ独居者は、死んだ後で早めに見つけてもらうことが大事です」

そこなんです。これまで登場してくださったシングルの方々もおっしゃっていることですが、人知れず死んで時間がたち、各方面に迷惑をかけるのは、なんとか避けたいところです。

東京都監察医務院のデータでは、17年に東京23区内の自宅で亡くなったひとり暮らしの高齢者を発見したのは、家族（30％）、福祉事務所の職員（19％）、隣人（16％）、管理人（14％）などでした。

ひとり暮らしの人が孤独死を免れるため、あるいは亡くなっても早く見つけてもらうために、長尾医師は様々な方法を挙げています。例えば、喫茶店やスナックの常連になる。習い事をする。離れて暮らす家族がいれば1日1回メールする……。

「要は、ゆるやかに見守り合う関係を持つことです。例えば気心の知れたスナックのママさんに、『3日来なかったら家をのぞいてみて』と合鍵を預けるとか」

やはり、最大のセーフティーネットは近隣での人間関係ということになります。人付き合いが苦手でも、大山団地のように見守り体制が整った環境や、高木さん宅のように物理的なサポートのある環境を探す手もあります。その気になれば、打つ手はいろいろありそうです。

長尾医師はこうおっしゃいました。「誰でも自分が死ぬと知ってはいるが、ずっと先のことだと思っている」。そんな心理こそ、自らの孤独死対策への最大のハードルかもしれません。

どうやって、ひとりでお墓に入る？

孤独死の、さらにその先の話です。

「家族の誰かが最後に残されて孤独死したとしたら、どうやってお墓に入るのだろう」。そんな便りが届きました。ひとりで暮らす人が先々を考えたら、確かにこの問題に行きあたります。千葉県に住む差出人のL子さん（47）と一緒に、取材班の記者が調べました（シングルスタイルは、本当にページへの参加意欲の高い読者がたくさんいらっしゃるのがありがたいです！）。

何でも、L子さんがご両親と暮らす家に突然、市役所から「取扱通知書」という書類が届いたそうです。

疎遠だった親戚のM子さんが亡くなったという知らせでした。行政が火葬をしたとのことで、遺骨を引き取るかどうか、と書いてありました。回答がなければ合祀《ごうし》する、と。

他家の養女になり、独身だったM子さん。養父母もすでに亡く、家族墓の場所もわかりません。

やはり独身のL子さんは身につまされました。「もし自分がひとりで死んだら、どうやってお墓に入るの」。L子さんのお母さんは「考えすぎ」とおっしゃいましたが、心配で仕方ないそうです。

身寄りのない人が亡くなるとどうなるか、まず厚生労働省に尋ねました。

火葬、埋葬をする人がいない、あるいはわからないとき、また、亡くなった人の身元がわからないときは、死亡地の自治体の長が火葬などを行います。墓地埋葬法や、行旅病人及行旅死亡人取扱法という法律にそう規定があります。

M子さんは、身元はわかっても葬儀を行う人は見つからず、自治体が荼毘《だび》に付しました。その後、相続人を確定させるために役所が親族を調査し、L子さん方に通知が届いたというわけです。自治体は、火葬の費用を相続人に請求できます。通知書は、自宅に残っていたお金についても、引き取るか相続放棄か、判断を求めていました。

「もし自分がそうなったら」。L子さんの心配は〈1〉どうやって希望のお墓に入るか〈2〉家財道具などはどう処分するか〈3〉ブログなどのアカウント整理は、という点でした。

すぐ思いつく解決策は、親戚などに依頼することですが、「今回、手続きで大変な思いをしました。疎遠な親戚から『遺骨を引き取って』と相談されても困ると思います」とおっしゃいます。

では、仲の良い友人に遺骨を引き取ってもらい、お墓に入れてもらうのは？

「友人も多くはありません。最期を頼るのも違う気がします」

確かに友人も自分と同じように年を重ねることを考えれば、友人の世話になろうというのもそもそも実現するかどうか。でも、何もしなければ親戚に負担をかけることに……。

こうした問題に取り組むＮＰＯ法人「りすシステム」（東京）の事務所を、Ｌ子さんと記者が訪ねました。杉山歩代表理事は「生前に契約を結ぶことで解決できる悩みもあります」とおっしゃいました。

同法人は、死後どうしてほしいのかを記した「意思表示書」と、死後の事務を一任する旨の公正証書を作成し、死後事務契約を行っています。

こうした契約をして、納骨してほしいお墓の場所や、家財道具の処分方法などを意思表示しておけば、同法人職員がその通りに処理をします。ブログのアカウントも、パスワードなどを記載し、どうしてほしいかを意思表示しておけば削除してくれるそうです。財産分与などは死後事務契約の対象外になりますが、必要なら、遺言の書き方などの相談には応じるとのことでした。

「契約者が亡くなったことはどうやってわかるんですか」とL子さんが尋ねました。

同法人の連絡先を記した「緊急連絡カード」を外出時は持ち歩き、自宅でもわかりやすい場所に置いておくことで、万が一のときも同法人に連絡が行く仕組みになっています。杉山代表理事は「残念ながら孤独死してしまった場合でも、警察や行政機関から連絡をもらい、職員が契約者の希望通りに最後の仕事を行います」と説明されました。

契約するには、申込金や実際に葬儀などにかかる費用を合わせて、100万円ほどを用意する必要があり、死亡保険金を費用の一部に充てることもできるそうです。預託金が残れば、これも決めておいた方法で返金されます。

「意外と高いな」と記者は感じたのですが、L子さんは「葬儀などに100万円かかると聞いたことがあったから、それくらいを準備できる保険に入ってるんです。ただ、だれが受け取るのかが疑問でした。こういうサービスがあるのを知って少し気持ちが楽になりました」と納得した様子でした。

杉山代表理事はさらに、「入院や手術の際には保証人を求められる場合が多いので、そのことも考えておいたほうがいいと思います」とおっしゃいました。

生前事務契約のサービスもあり、入院や手術の手続きのほか、買い物や旅行の付き添いなどもしてもらえて、時間などに応じて料金がかかります。パスポートの国内連絡先に同法人を指定する人もいるそうです。

「人に迷惑をかけずに最期を迎えたい。でも、死ぬのも案外大変なんですね」。L子さんの感想です。確かに……。もし考えておくなら、元気なうちがよさそうです。

日本総合研究所が2018年に公表した調査では、こうしたサービスはここ10年ほどで急増し、事業者は90ほどあるといいます。生き方が多様化して最期をひとりで迎える人が増えています。調査を担当した同研究所の沢村香苗スペシャリストは「火葬やお墓に入ること、公共料金の支払いなど、最期は誰かに頼らなければなりません。今後も需要が増えるサービスです」と指摘されました。

こうした契約について、国民生活センターには「契約するつもりがなかったサービスが含まれていた」「約束されたサービスが提供されないので事業者に解約を申し出たところ、説明のないまま精算された」など、年間100件ほど相談が寄せられます。同センターは「契約内容がよくわからなかった場合、事業者に急がされても、その場で契約せず、周囲の人に相談するなどして十分に検討してほしい」としています。

沢村さんは、次のような注意点を挙げてくださいました。

「〈1〉どんなサービスを利用したいか整理する〈2〉支払えるかどうかを見極める〈3〉サービス内容を確認する〈4〉内容変更や解約のルールを確認する——などが重要です」

シングルスタイルのページの取材で、独身、独居のみなさんへの取材を続けていると、「ひとりで死ぬのは仕方ない」「自分はひとりで死ぬことになるだろう」と口にする方が増えてきたように感じます。私自身もぼんやりと、そう考えています。エンディングノートぐらいは書き始めようと思うのですが、「忙しいから時間ができたら」といつも先延ばしにして、ノートはどんどん仕事の資料の下に埋もれていきます。

好奇心のままに日々生きてきて、あまり自分の生活をふり返って眺めることがありませんでした。でも、エンディングノートが資料の下からチラ見えするたびに、たまには人生を見わたして考えないといけない年だなあ、と、思ってはおります。

いつまでも着手ができない私の言い訳はさておいて、何か準備を始めることで解消できる不安は確かにあると思います。

第十三章　遺す

子どもホスピスを建てたい

独身で相続する相手もいないとき、たとえばいくらかでも遺産が残ったとして、それはどこへ行くのでしょうか。遺言で自分が指定した相手に財産を譲る「遺贈」という方法が注目されています。遺贈先も、決める理由も千差万別です。遺産の行き先をたどってみました。

横浜市金沢区の市有地で2020年度、子どもホスピスの建設が始まる予定です。小児がんなどの重い病気や障害で療養する子が、家庭的な雰囲気で家族と過ごすための施設です。計画を動かしたのは、2012年2月に76歳で亡くなった元看護師、石川好枝さん（神奈川県藤沢市）の「遺贈寄付」でした。

遺贈は、遺言によって財産を譲ることです。非営利団体や自治体などに譲ることを遺贈寄付と呼びます。遺言ではなく信託契約を結んで譲るケースや、相続人が故人の遺志をくんで寄付する場合もあります。ちなみに、相続する人がなく、遺言などもなければ、財産は整理のうえ、国庫に入ります。

石川さんの代理人弁護士の熊沢美香さん（41）によると、石川さんは独身で、長年看護師として脳性まひの小児病棟に勤務していた方でした。法定相続人となるきょうだいはいましたが、「四半世紀関わった子どもたちにいま出来ることがあれば」と、遺贈寄付を決め、熊沢さんに監修してもらって自筆証書遺言を作りました。子どもホスピスに関心がありましたが、地元にはホスピスがなかったので、寄付先は、入院中の子に付き添う家族の宿泊施設を挙げました。預金と自宅の売却代金計1億5000万円が充てられました。

「経緯を聞かせてください」。寄付の直後、熊沢さんを訪ねてきたのが、その宿泊施設を運営するNPO法人の理事・田川尚登《ひさと》さん(62)でした。田川さんは6歳だった次女を脳腫瘍で亡くし、ホスピス建設を目標に掲げていました。石川さんの遺志を受け、活動を本格化させせました。NPO法人「横浜こどもホスピスプロジェクト」を作り、「石川さんの代わりに見届けて」と、熊沢さんを副理事長に迎えました。

19年秋、市有地を無償貸与してもらえることが決まりました。石川さんや、石川さんの思いに共感した人たちの寄付金計約3億円を建設費に充て、21年夏の開設を目指します。

「石川さんの遺贈寄付がすべての出発点です。思いが詰まった大切なお金だから、必ず実現させなければと思ってやってきました」と田川さん。熊沢さんは「石川さんの思いによって人と人とがつながって、なかったものが創られるのは、なんだか不思議で、すばらしいことです。石川さんも喜んでくれているはずです」とおっしゃいました。

2009年4月に84歳で亡くなった自営業の鈴木次男《つぎお》さん(川崎市)の遺産は、地元

「かわさき宙《そら》と緑の科学館」の天体望遠鏡に姿を変え、天体観察会に活用されています。

兄・采二さん、次男さん、弟・洋二さんの3人兄弟全員が独身でした。お兄さん、弟さんが逝き、次男さんご自身も骨髄腫で病床に伏したとき、世話をしてくれたのが幼なじみの元県立高校長・内野哲さん（84）でした。

「洋二さんと親友で、お兄さん2人ともよく遊びました。人付き合いのなかった次男さんには私が唯一の友人だったかもしれません」と、内野さんは話されました。

次男さんは、内野さんに遺産を相続するとした公正証書遺言を作成して亡くなりました。成年後見人の行政書士に「地元の科学館のために使ってもらえたらいいですね」と話していたそうです。

内野さんは元理科教師で、自然観察会講師として科学館で講座をよく開いていました。次男さんにも、そんな話をしたことがあります。「まさか私の話を覚えていたなんて。3兄弟とも勉強家で、科学技術に関心があったからでしょうね」

内野さんは同年、科学館の改修工事に合わせ、相続した5000万円を科学館を運営する川崎市に寄付しました。望遠鏡のそばには3兄弟の名を刻んだプレートが飾ってあります。

遺贈はもちろん独身に限らず誰でもできるのですが、近年関心が高まる背景には、少子化や未婚化、終活ブームなどがあるようです。

「愛犬がいるので動物愛護団体に」「難病で苦労したので医療の発展のために」。遺贈寄付を推進し、寄付先の提案などを行う一般社団法人「全国レガシーギフト協会」（東京）には、人生観を反映した相談が届きます。金額も数十万円～億単位とさまざまだそうです。

公益財団法人「日本財団」（同）は16年4月に遺贈寄付の相談窓口を作りました。問い合わせはこれまでに約４５００件。財団への遺贈寄付を決断する人も年々増えています。そのひとり、千葉県の60代の独身女性は、「老後に備えてコツコツためたお金です。母の介護で忙しくお金を使う暇がなかったこともありますが、親族の『争続』を避けたかったというのもあります。災害でつらい思いをしている方々の支援に役立ててほしい」と話されました。

遺贈で注意したいのは、遺言の作成方法です。自分で手書きする「自筆証書遺言」は手軽ですが、形式の不備で無効になったり、紛失したりする恐れがあります。法務局でそうした遺言の形式をチェックし、保管してくれる制度が20年7月に始まりました。一方で、「公正証書遺言」は公証人がまとめるため安心感がありますが、相続人の人数や額などに応じて手数料がかかります。

配偶者や子などがいる場合には、最低限の相続を受ける権利「遺留分」が認められるので、遺贈先とトラブルにならないように、説明して理解を得ておく配慮が必要です。不動産は受け付けない団体も多いので、受け入れてもらえるかどうか、確認が必要です。

どう使われるか見届けられないのに遺産を託すって、ちょっと怖いと最初は思いました。でも、熊沢さんの話からは、ＮＰＯのみなさんが、「天国から見てくれているのかな」と何度も石川さんに思いをはせ、ホスピス建設への七転び八起きの道のりを歩んできたことが想像できました。遺贈寄付は「人生最後の買い物」とも呼ばれます。残るのはお金やモノだけではないように思いました。

『遺贈寄付　最期のお金の活《い》かし方』（幻冬舎）の著者で、立教大社会デザイン研究所研究員・星野哲さんにお話を聞きました。

「遺贈寄付は『三方良し』のお金の使い方です。寄付側は財産を次世代に残すことで自身の存在意義を感じ、安心感を得る。受け手は活動を評価され、遺産という重みに背筋が伸びる。そして、そうした団体の活動が社会貢献につながります。

遺贈先を決める前に、少額の寄付をおすすめします。後日、次の寄付の催促が来るところ、お礼の手紙が届いて使い道を説明してくれるところなど様々です。信頼できるかどうか、しっかり見定めましょう」

愛しのペット　次の飼い主、どうしよう

人によってはお金以上に気がかりなのが、ペットのことでしょう。ペットとの「2人暮らし」は寂しさとは無縁ですが、先々の不安がつきものです。

「うたちゃんが、話を聞いてくれるんだよね」

東京都江東区の田沢昌幸さん（65）が話しかけると、左肩に乗った体長40センチのコ

キサカオウムが「はい」と答えました。毛繕いするように田沢さんの髪を引っ張り、もたれるように体を寄せます。「驚くほど愛情深くて純粋です。娘のようでかわいくて」。寄り添う姿は夫婦のようにも見えました。

出会いは6年前です。鳥の保護団体の施設を訪ねた際、放し飼いの庭で、オウムが肩に止まりました。驚きましたが、離れようとしないけなげな姿に運命を感じたそうです。その日は田沢さんの、59歳の誕生日でした。その後新たな飼い主を探していると聞いて「引き取りたい」と申し出ました。すでにコザクラインコ3羽がいましたが、迷いはありませんでした。

田沢さんは20代でがんを経験されました。46歳のときお母さんの看護で離職し、その後も2011年にお父さんを88歳で亡くすまでひとりで介護をしてきました。「社会から離脱した人生でした」とおっしゃいます。

うたちゃんが来たことで、その生活が一変しました。廊下を自由に飛べるように築48年の実家を改修し、餌をネット注文するためスマホを買い、愛鳥家向けの勉強会に参加して「鳥友《とりとも》さん」を自宅に招くようになりました。「幸せが一気に来た感じです」

心配は将来です。うたちゃんは19歳。この種類の寿命は50年以上といわれています。恐らく最期までは、世話ができそうにありません。

次の飼い主に譲ることを頭の片隅に置き、他の鳥や人に慣れさせるため、ケージに入れて愛鳥家の集いなどに連れて行きます。複数の専用フードを試すのは、餌の好みが偏らないようにするためです。いつかは「この子を理解してくれる若い愛鳥家に命のバトンを託します」と。

NPO法人「TSUBASA」（埼玉県新座市）の施設では、行き場を失ったオウムやインコ約100羽が暮らしています。単身者が手放した鳥が1〜2割。うたちゃんもこの施設出身です。

「飼育の難しさや、寿命の長さを知らずに飼い始めた人が多い」と、代表の松本壮志さんが教えてくださいました。飼育環境や餌、医療などの進歩で寿命は延び、大型のオウムが100年生きる例もあるそうです。

同法人は、寿命の長い鳥を次の飼い主に譲ることを前提に飼育するなど、鳥との新しい付き合い方を講座などで発信しています。

ＳＢＩいきいき少額短期保険は２０１７年秋、全保険契約者にペットに関するアンケート（１０８３人が回答）を実施しました。

「飼って良かった点」は、同居する家族がいる世帯では「癒やされる」（75・５%）の次が「家族円満になる」（30・３%）。単身世帯では「癒やされる」（76・２%）に「話し相手ができた」（34・３%）が続きました。

「飼い続けることで心配な点」で最も多い回答は、同居家族がいる世帯の場合は「ペットの病気やケガ」（34・２%）、単身世帯は「自身の病気やケガなど、もしものときのこと」（35・７%）でした。

以前、長年ひとりで犬を飼っている50代のシングル女性にお話を聞いたことがあります。ご自分の年齢を考えて「この子が最後」と話しておられました。多くの飼い主は最期まで大事に世話したいと思っていますが、ペットも飼い主も生きていて、やはり万が一ということも起こります。飼い主にもしものことがあったとき、財産の一部を飼育費に充てて新しい飼い主に世話をしてもらうための、信託契約なども注目されているようです。

思い出の植物を生かす「庭じまい」

「庭じまいを考えています」という手紙をいただきました。群馬県の聡子さん（62・仮名）です。約350平方メートルある家の敷地の半分以上を占める庭は、聡子さんの夫の強い希望で造園したものです。芝生を張り、松、キンモクセイ、サルスベリなど庭木が約20本。生け垣もあります。剪定《せんてい》や病害虫対策などすべてを担っていた夫は、60歳だった2015年にがんで亡くなりました。

夫が丹精した庭です。聡子さんは花木いじりに興味はなかったのですが、「枝が、芝が伸びている〜」と夫の声が聞こえてきそうで、最初は頑張りました。芝生を刈り、除草剤をまき、それでも生える雑草を抜きます。木を消毒し、隣家に枝がはみ出さないよう気を配りました。

でも、腰痛もあり、しだいに負担になりました。少しずつ木を減らそうか……。夫は葬儀や墓については遺言しましたが、庭のことは何も言い残しませんでした。「娘も興味がないし、私が決断して何とかします」と聡子さんはおっしゃいました。

ネットで検索すれば、「庭じまい」を掲げる会社はちらほら見つかります。庭をなくすだけでなく▽木の数を減らす▽天然芝を人工芝に▽除草マットや舗装で雑草を予防――など、楽に手入れできるようにする改修もあるようです。

庭じまいを請け負う大阪府豊中市の「スマートガーデン」によると、「脚立に上る剪定ができなくなった」という高齢者や、親から家を相続した人からの依頼が多いそうです。

東京都八王子市の「やましたグリーン」は、そうした木を引き取り、もらい手を探しています。

代表の山下力人さん(42)によると、きっかけは8年前、夫を亡くした年配の女性から、家の減築で邪魔になるツツジを切ってほしいと頼まれたことでした。いざ伐採しようとするとき、女性は涙を流しました。夫が大切にしていた木だったからです。山下さんは掘り起こして持ち帰り、会社の資材置き場に植えました。

それ以降、依頼主に伐採の理由などを尋ね、たびたび木を引き取って持ち帰るようになりました。しだいに資材置き場が手狭になってきて、もらい手を探し始めました。木に値段はつけず、引き取りや、新たな場所への植樹は人件費と重機代をもらって対応しています。これまでに約1000本を引き取り、半分ほどの植樹場所が見つかりました。東京都品川区の藤井貴子さん（52）は8月、月桂樹など鉢植えの樹木7本を山下さんに託しました。

動植物が好きで、短大では園芸を専攻していた藤井さん。独身で事務の仕事をしながら海外旅行や温泉を楽しみ、10年前に中古の一戸建てを買いました。庭は紅葉などの植栽が美しく、藤井さんも新たな木を何本か持ち込みました。働きながらでは手入れが行き届かない部分もあり、定年を迎えたら、ゆっくり庭仕事を楽しもうと考えていました。

おととし、藤井さんにがんが見つかりました。手術して抗がん剤治療を頑張りましたが、今年4月に転移が判明します。今度は手術が難しい場所で、抗がん剤治療の結果も思わしくありませんでした。

ショックを受けながらも、藤井さんは終活を始めました。葬儀を手配し、「緑」の字が入った戒名をもらい、樹木葬の墓を購入しました。飼い猫2匹の保護先を見つけ、荷物を整理しました。

　悩んだのが植物です。家を買ったお祝いに母がくれたユスラウメ。初めて収穫した実は果実酒にしました。サンショウは毎年アゲハチョウが卵を産みに来るのが楽しみでした。正月飾りの盆栽だったウメは、実をつけるほどに成長しています。

　これまで喜びをくれた植物が命をつないでいける場所を求め、ネットで見つけたやましたグリーンに電話をかけました。

　運搬に重機が必要ない大きさで、近かったこともあり、費用は2万円。樹木は2週間後、甲府市内に植樹されたと聞いて、藤井さんはほっとしました。

　もしものとき、植物のために何ができるのか。遺品整理業者の業界団体「遺品整理士認定協会」（北海道千歳市）の長谷川正芳・常務理事は「遺言かエンディングノートで、明確に意思表示をしておくこと」とおっしゃいました。

　協会認定の「遺品整理士」は、遺族の要望があれば、引き受けてくれそうなところに連絡したり、SNSで呼びかけたり、できる限りのことはしてくれるとのこと。

　数を増やさないのも重要で、大切にしていた鉢の一つ二つなら遺族も「思い出の品」

として持ち帰ることがほとんどだそうです。頼れる親族がいなければ、やはり生前整理。

「ご近所や友達など、もらってくれる人を探しておきましょう」

第十四章　自分を語る

シングルにも人気の「自分史」作り

最終章のテーマは、「自分を語る」です。

まずは、自らが歩んだ人生について書きつづる「自分史」のお話です。自分史って、子や孫に家族の歴史を語り継ぐというイメージがあったのですが、シングルの間にも関心が広がっているようです。誰に、何を伝え残すために取り組んでいるのでしょうか。

大阪市の河村昭さん（88）は、同市立中学校で教員を務めた歩みをつづり、２０１７年に『中学生のきみへ　教師のあなたへ――本当のことを見抜く力を』（清風堂書店）という本を自費出版されました。

河村さんには子どもはなく、認知症の妻を自宅で5年ほど介護し、4年前に看取りました。孤独と寂しさの中、訪れた市内の書店で自費出版サロンを見つけ、「書くことに没頭したくなった」とおっしゃいます。

〈ぼくは元公立中学校の教師、教科は国語、部活顧問歴はサッカーとラグビー、それからほら、あの生徒指導とか生活指導とかいう係、あれが長かったから世間からワルガキと指さされる諸君なんかとのつき合いも多かったわけだ〉

本はこんな自己紹介で始まります。校内暴力がピークだった１９７０～80年代、非行少年、少女とぶつかり合った経験を、生徒や教員に話しかけるようにつづっていきます。テレビドラマ「3年B組金八先生」に登場するような熱血教師の姿が浮かびます。

いい学校では教師が生徒を規律で管理するのではなく、生徒の自主性や自治の力を育てるのに熱心だと説き、自宅に遊びに来た生徒たちをもてなしてくれた妻への感謝も記しました。

500冊を市販し、教え子や元同僚に贈り、市内の全中学校などにも寄贈しました。現場の教師から、「貴重な記録です」と感想が届き、河村さんは、「様々な人や社会とまたつながれたことがうれしかった」と話されました。

茨城県高萩市の根本あや子さん(70)がテーマにしたのは介護です。2015年、『毎日が奇跡——半身麻痺《まひ》の妻が難病ALSの夫を自宅で介護した八年間』(パレード)を出版されました。

根本さんは1999年にくも膜下出血を患い、右半身にまひが残りました。リハビリで、自宅で生活できるまで機能を回復しましたが、今度は夫がALS(筋萎縮《いしゅく》性側索硬化症)を発症します。寝たきりとなり人工呼吸器をつけた夫を、訪問医療や介護のスタッフに支えられながら、2010年に他界するまで介護しました。

「ご夫妻の頑張りを書き残してみては」と勧めたのは、リハビリを担当してきた理学療法士でした。息子さん2人が独立し、ひとりで暮らしていた根本さんを心配してのことでした。

日記などをもとに2年がかりで原稿を書くと、「想像もしなかった世界が開けた」そうです。５００冊を市販すると、闘病の経験を持つ人や家族らから反響があり、３００冊を増刷。講演に招かれたり、病気の後遺症を持つ人らが集えるカフェを福祉関係者と一緒に開いたり、交流の輪が広がっていきました。

現役まっただ中でも、迷いがあるならぜひ

自分史に挑戦するのは、人生経験豊かなシニアばかりではありません。現役まっただ中の世代にも、その作業を必要とする人がいます。

一般社団法人「自分史活用推進協議会」（東京）の認定アドバイザー、柳澤史樹さん（51）は、主に30〜50代向けの自分史作りの入門講座を各地で開いています。「社会の価値観が揺れ動く中、自分を人生の主人公と捉えることで自己肯定感が高まります」と、その意義を説明されました。

神戸市の柳ヶ瀬あづささん（44）は18年に受講されました。「仕事も生活もひとりでやってきたけれど、私の人生はこのままでいいのかと不安を感じていました」。SNSで講座を知り、興味を持ったのです。

講座では、これまでの歩みを簡単な年表にして、1枚の紙に自分史を作りました。

柳ヶ瀬さんは、大学卒業後に入った宝飾会社を3年ほどで退職し、フットケアの店で働いた後、14年から専門学校に通って、鍼《しん》灸《きゅう》やマッサージの国家資格を取りました。今は、健康グッズなどを扱う店舗で鍼灸の治療をしています。

「障害のある家族がリハビリを受けていた影響で、体をケアすることに昔から関心がありました。やってきた仕事を書き出してみて、人のストレスや緊張をほぐすという共通する目的があるとわかり、回り道じゃなかったと思えました」

完成したものを受講生で読み合いました。「思い切って仕事を辞めて、やりたいことに向かって頑張られましたね」と声をかけられ、新しいことに挑戦する勇気もわいたといいます。

そして、自分史は、時代を物語る貴重な資料にもなります。

愛知県春日井市のかすがい市民文化財団が運営する「日本自分史センター」は、全国から集めた約８０００冊を所蔵し、自分史を基にした演劇の創作・上演もしています。神奈川県大和市立図書館も18年から市民に自分史の本の寄贈を募り、専門コーナーを設けています。

自分史活用推進協議会の代表理事、河野《こうの》初江さん（68）は、「その人が経験した『オンリーワン』の記録を広く共有し、次の世代に伝える価値がある」とおっしゃいました。

「時系列型」「テーマ型」「ウンチク型」

自分史を書きたい場合、どう進めればよいのでしょうか。

自分史活用推進協議会によると、まず、本か冊子か、文章と写真のどちらを主にするかなど、形式を決めます。次に、誰に読んでもらうために作るかを考えると、目的が明確になり、やる気がわいてくるとのこと。

生い立ちから順に記述する「時系列型」が一般的ですが、仕事や家族など内容を絞る「テーマ型」、趣味や特技の知識を記す「ウンチク型」といった切り口もあります。

作り方が学べる講座は各地で開かれています。同協議会の自分史入門講座（３０００円）のほか、大阪市の印刷会社「新聞印刷」は認知症予防を意識した、思い出を語り合う回想法を取り入れた講座（5回、約1万円）を企画しています。

書籍にする場合は出版社に相談するといいでしょう。市販する場合で５００～１００0冊（80万～１００万円程度）、私家版では１００～２００冊（30万～50万円程度）のニーズが多いようです。

自分史を作ったみなさんは、人生の迷いの時期を抜けて前に進めたようで、吹っ切れた感じが印象的でした。

そして、自分史を蓄積している施設があることに、ちょっと驚きました。ツッコミどころがいっぱいの自分の歩みなんて書いたって……、そもそも読んでもらいたい人も思い浮かばないし、などと考えてきましたが、ぎっしり並んだ自分史の本棚の隅にあるかもしれない「シングル（国内）」みたいなコーナーに、ひっそり紛れ込む様子を想像したら、ちょっとすてきだなと思いました。いつかだれかが手に取るかもしれないし、だれも手に取らなくたって、それはそれで。集合墓より、いっそそういうところで眠りたいな、などと妄想がふくらみました。

自分のことを語ると　つながりが生まれます

「自分史」ほど推敲《すいこう》された文章ではないかもしれませんが、シングルスタイルには日々、だれかの言葉が届きます。

「今年に入り父が亡くなり、息子のようにかわいがっていたワンコ、そして母が亡くなりました。祖父母や父母の世話で気付けば50過ぎてる独身生活。父、母とは介護のことなどでいつも大げんか。嫌な言葉も投げかけた。母も大病してつらい毎日だったのに。あー、ひとりになりたいなんて思っていたら、みーんないなくなってしまった。罪悪感、焦燥感、孤独感におそわれる。でも前進しないと」。横浜市の女性（57）からいただいたファクスは、そのときの思いをそのまま字にしたような文章でした。

「少子化の記事やニュースに、ホント『こんな人生でごめんなさい』ってな気分にもなりましたが、色んな人がいて当たり前ですよね」（未婚女性）、「私は世の中のお一人様に言いたい。生あるかぎり、ひとりぼっちを楽しもうと」(お連れ合いを亡くされた女性)。こんなふうに、だれかに呼びかけるメールや手紙も来ます。「同感です」「わたしの場合は……」と、便りへの反応も届きます。

「89歳になる父と2人暮らし。ご縁がなかったといえばそれまでですが、自分の境遇をみじめに思うこともありました。今は足元のささやかな花に気付き、感謝し、生きてゆければ幸せと思っています。満月よりも三日月のほうが自分の性に合っています」

静岡県の鎌倉隆さん(59)は、いつも自分に言い聞かせるように、端正な文字で手紙をくださいます。自分のことをつづることが、日々を送るちょっとした推進力になっていたらいいな、と思いながら読んでいます。

書くだけではなくて、話すことにも、すごい力があります。

何度か書いた読者イベントのときのことですが、手を挙げて客席から発言してくださった方がいらっしゃいました(第十二章で登場してくださった名取さんです)。

「結婚をしないと決めたわけでもないけど、そのまま(独身で)来てしまって、老後がすごく心配で……。みなさんは『ひとりで、もう結婚しないでずっと生きていこう』っていうふうに決めている感じなのか……どんな感じの方が多いんでしょうか」

会場の空気がふうっと変わりました。「ひとりと決めている」のか「なんとなくひとり」なのかを尋ねたら、「なんとなくひとり」にたくさん手が上がりました。あまり時間がなくてそこから話を深めることができなかったのが本当に惜しかったのですけど、あのとき自分も話したい、と思った参加者が何人もいたように感じました（アンケートに、そんな感想も書いてありました）。

「自分の話」は、ほかの人たちの心を開きます。特にシングルって、やっぱり少し「腫れ物」的に思われることも多いので、自分から語らなきゃ、人は尋ねてくれません。でも、だれかが語り始めたら、ほかの人たちの話がどんどんつながっていきます。そうやって、ひとりのみなさんが語ったり書いたりしてくださったお話が、少しずつたまってできたのが、この本です。

隣のシングルたちのいとなみを、みなさんはどんなふうにお読みになったでしょうか。

私自身は、いろんな話を聞いたり読んだりしながら、心のコリが少しほぐれてきた気がしていますこじれてる場合じゃないな、と。

まだ聞き足りないこともあり、みなさんから届いているリクエストもあり、さらなる「ひとり」の物語を求めて、シングルスタイルはきょうも店開きをしています。

あとがき

新聞連載「シングルスタイル」の最初の企画書を、パソコンの中から発掘しました。日付は２０１２年10月。私がまだ大阪社会部のデスクだったときのものです。

当時は東日本大震災の翌年で、「家族」や「絆」といった言葉が関心を集めていた時期でした。震災後にライフスタイルを見直して結婚に踏み切る「震災婚」などという流行語もあったかと思います。

その同じ年、ＮＨＫで卵子の老化をテーマにした、衝撃的なドキュメンタリー番組が放送されました。晩婚化、晩産化が進む中、卵子の老化のため、子供を産みたくても産めない女性にスポットが当たっていました。そのとき私は46歳独身。なんとなく目を背けて考えることを先送りしていた、「自分は恐らくもう、子供を産まないのだ」という現実に、向き合わざるをえなくなりました。一方で「少子高齢化」はどんどん大きな社会問題になっていきます。家族を持たず、子供を産み育てなかったという罪悪感が膨らみ、身の置き場がなくなっていきました。

「どうしたらいいんだろう、この出口のなさは」と思いました。シングルが、思っていることを言い合える場を作りたいと思ったのが、企画のきっかけでした。

という、えもいえない問題意識を社内でわかってもらうのには少し時間がかかり、関西の夕刊でこぢんまり連載がスタートしたのは、2年半後の2015年4月でした。

「こんなページを待っていた」と言ってくださる便りもありましたが、高齢の男性から「あなたのように、シングルが気楽、という女性が多くなれば、少子化はますます進む。多くの女性に、結婚して子供を産み育てるよう勧めてくれませんか」というファクスをいただいたときは、かなり落ち込みました。私も本当は「そっち側」に入れたらよかったのに、と心のどこかで思っていたからです。

私はよく、そんなもやもやした気持ちを、取材相手のシングルのみなさんの前で打ち明けました（つくづく迷惑な取材者です）。「すごくわかる」と言ってくださる方も、「真面目過ぎるんじゃない」とおっしゃる方もいました。多くの出会いの中で、私自身がだんだん、自分に「まあいいか、今の感じでも」と言える気がしてきました。

連載を5年あまり続けている間に、世の中はどんどん変わっていきました。未婚率は上がり、ひとり暮らしは増え、「ひとりが好き」と公言する人も増えてきました。ご家族がある方からもよく、「将来ひとりになるかもしれない」と便りが届きます。そして近ごろは感染症予防の観点から人と人の距離が広がり、ひとりで行動することが珍しくなくなりました。「ひとり」がまさに、多くの人の「自分ごと」になったと感じます。企画の掲載エリアも徐々に広がり、今は九州と山口県を除く全国の朝刊に載っています。

連載を「始めたい」と言ったのは私ですが、作り上げたのは大勢の記者です。取材・執筆は、いろんな部署の記者が入れ代わり立ち代わり担当しました。記者はシングルばかりではありませんが、当事者目線に立ち、様々な角度からアプローチを試みました。企画会議にはいつも笑いがあり、ユニークな提案も相次いで、ページはどんどん転がっていきました。この本の文章は、その大勢の記者が執筆した新聞記事を再構成し、加筆したものです。記事のところどころで私が首をつっこんで我が物顔にコメントするのを、寛容にも許してくれたメンバーたちに深謝です。各章の担当者は、巻末の、記事の掲載日一覧に記しました。月に2回ひそかに日曜の新聞に掲載される地味な連載を見つけ、書籍化の機会をくださった中央公論新社の中西恵子さん、本当にありがとうございました。書きためてきたことを、こうして大きなテーマでまとめて眺めると、まだ手薄な分野がわかってきました。今後の課題です。

そして、私たち取材班に体験や考えを惜しみなくシェアしてくださり、ときには一緒に紙面をつくってくださった「ひとり」のみなさんに、心から御礼を申し上げます。

多様なあり方が許容され、ひとりの人と、ひとりではない人が、ときに弱音も出てしまう毎日を、なるべく自分が好きなことを好きと言って暮らしていけるように願って。

2020年9月

読売新聞「シングルスタイル」編集長　森川暁子

記事の紙面掲載日・担当者一覧

第一章　年末年始

「あなたの年末年始は？」２０１８年12月1日夕刊（森川暁子）

「『結婚は？』帰省の憂鬱」２０１９年12月8日朝刊（板東玲子）

「『ぼっちツアー』てんまつ記」２０２０年1月26日朝刊（森川暁子）

第二章　ひなまつり

「ひな人形　ひとりの願い」２０１９年2月24日朝刊（田中洋史）

第三章　防災の日

「災害時には『近助』の力」２０１８年9月1日夕刊（片山一弘）

「ひとり目線で災害対策」２０２０年2月9日朝刊（深谷浩隆）

「井戸端喫茶マンション」２０１８年6月2日夕刊（持丸直子）

「ひとり暮らしのコロナ対策」２０２０年3月22日朝刊（藤井有紗）

第四章　婚活

「『生涯未婚』という未来」２０１８年5月19日夕刊（遠藤富美子）

「シニア婚活してます」２０１９年５月26日朝刊（手嶋由梨）
「ニッポンで婚活　成果は」２０１９年４月28日朝刊（田中耕太郎）
「オンライン婚活最前線」２０２０年７月12日朝刊（村上藍）

第五章　ソロウェディング

「ひとり花嫁姿　褒め合って」２０１９年12月22日朝刊（田中洋史）
「古里町おこし　ひとり行く」２０１６年５月12日夕刊（森川暁子）
「『ソロ男《だん》』趣味に生きる」２０１８年９月15日夕刊（大郷秀爾）

第六章　住む　その１

「結婚はさておき城を…買う？」２０１９年10月13日朝刊（阿部明霞）
「自分信じて『移住女子』」２０１８年12月15日夕刊（手嶋由梨）
「71歳　部屋借りられない」２０１８年10月20日夕刊（滝沢康弘）

第七章　ひとり遊び

「おひとり女子の胸の内」２０１８年11月17日夕刊（シングルスタイル取材班）
「『ひとりご飯』に挑戦」２０１９年３月24日朝刊（粂文野）
「オンリーワンの旅へ」２０１８年８月４日夕刊（森川暁子）

「仲間と？　ソロキャンプ」２０２０年7月26日朝刊（藤井有紗）
「歌わない　ひとりカラオケ」２０１９年６月９日朝刊（山下智寛）

第八章　自粛する
「コロナ籠もり　ひとり遊び」２０２０年４月12日朝刊（森川暁子）
「自炊の楽しみ　わたし流」２０２０年４月26日朝刊（加藤亮）
「ひとり朗読で声を出す」２０２０年５月24日朝刊（片山一弘）

第九章　定年退職
「ひとり定年　その後は？」２０２０年６月28日朝刊（森川暁子）

第十章　親を見送る
「父の看取り　私も書く」２０２０年10月25日朝刊（森川暁子）
「家内の相づち　恋しいけれど」２０１８年４月７日夕刊（森川暁子）
「親送り、ひとり　悔いなし」２０１５年７月23日夕刊（森川暁子）

第十一章　住む　その2
「学生と同居　つかず離れず」２０１９年11月３日朝刊（片山一弘）

「60歳からのグループ暮らし」２０１９年8月11日朝刊（向山拓）
「お話しロボと2人暮らし」２０１９年7月14日朝刊（満田育子）

第十二章　仕舞う

「老後の心配　相談してみた」２０２０年2月23日朝刊（田中ひろみ）
「孤独死を考えておく」２０１９年1月19日夕刊（片山一弘）
「私の死後の手続きは？」２０１９年6月23日朝刊（加藤亮）

第十三章　遺す

「ひとりの財産　遺言で譲る」２０１９年11月24日朝刊（藤井有紗）
「万一の時、ペットは？」２０１９年3月10日朝刊（板東玲子）
「植物生かす　庭じまい」２０２０年9月13日朝刊（原典子）

第十四章　自分を語る

「自分史　書くことで前へ」２０２０年5月10日朝刊（満田育子）
「お便りいただいてます」２０１８年6月30日夕刊（森川暁子）
「お便り紹介します」２０１９年2月24日朝刊（森川暁子）

ブックデザイン　宮古美智代
イラスト　くぼあやご

森川暁子（もりかわ・あきこ）

読売新聞東京本社編集委員。ひとりのページ「シングルスタイル」編集長。1966年埼玉生まれ、大阪育ち。89年に大阪市立大文学部を卒業して読売新聞大阪本社に入社し、徳島支局、大阪社会部に勤務。阪神・淡路大震災の取材や、お便りコーナー「読者と記者の日曜便」などを担当した。2005年から１年間、米コロンビア大客員研究員。15年に関西の夕刊で始めた「シングルスタイル」は現在、九州・山口を除く地域の朝刊で連載中。水族館・動物園でカワウソを見るのが好き。

読売新聞《よみうりしんぶん》「シングルスタイル」編集長《へんしゅうちょう》は、独身《どくしん》・ひとり暮《ぐ》らしのページをつくっています。

2020年12月10日　初版発行

編著者　森川暁子
発行者　松田陽三
発行所　中央公論新社
〒100-8152　東京都千代田区大手町 1-7-1
電話　販売 03-5299-1730　編集 03-5299-1740
URL http://www.chuko.co.jp/

ＤＴＰ　小出正子
印　刷　大日本印刷
製　本　小泉製本

Published by CHUOKORON-SHINSHA, INC.
Printed in Japan　ISBN978-4-12-005358-0 C0036

中央公論新社既刊から

インサイド財務省

読売新聞経済部 著

もはや財務省に「最強官庁」と謳われた面影はない。官邸に遠ざけられながら、悲願の消費税増税をめざす舞台裏で何が起こっていたのか。そしてエリート官僚は何を読み違えたのか。失墜の「リアル」を描きだす。

中央公論新社既刊から

いのちは輝く

わが子の障害を受け入れるとき

松永正訓 著

わが子が障害を持っているという現実をあなたは受け入れられるだろうか……。不条理な現実を受け入れるまでの拒絶と葛藤、受け入れることができたときの感動を経験する親がいる一方で、子どもの命を自分の手で奪ってしまおうとする親、病院に捨てられてしまう子どももいる。あまりの障害の重さに治療を迷う医師もいる。幼い命をめぐる大人たちの拒絶と受容の果てには、読む者に静かな感動を広げる命の旋律が響き始める。